会说话的人
运气都不会太差

卜晓斌◎编著

江苏凤凰美术出版社

图书在版编目（CIP）数据

会说话的人运气都不会太差／卜晓斌编著. －－南京：
江苏凤凰美术出版社，2019.8（2021.5重印）
　　ISBN 978 -7 -5580 -6703 -7

　　Ⅰ. ①会… Ⅱ. ①卜… Ⅲ. ①语言艺术－通俗读物
Ⅳ. ①H019 -49

中国版本图书馆 CIP 数据核字（2019）第 170332 号

责任编辑　李秋瑶
封面设计　松　雪
责任监印　唐　虎

书　　名　会说话的人运气都不会太差
编　　著　卜晓斌
出版发行　江苏凤凰美术出版社（南京市湖南路 1 号　邮编：210009）
出版社网址　http：//www.jsmscbs.com.cn
印　　刷　河北鹏润印刷有限公司
开　　本　880mm ×1270mm　1/32
印　　张　6
版　　次　2019 年 8 月第 1 版　2021 年 5 月第 3 次印刷
标准书号　ISBN 978 -7 -5580 -6703 -7
定　　价　35.00 元

营销部电话　025 -58155675

江苏凤凰美术出版社图书凡印装错误可向承印厂调换　电话：010 -64215835

前　言

马到成功，一个充满魅力的字眼；心想事成，一条流行了千年的祝福语；做成功人士，一个人人向往的人生目标。 如何才能如愿以偿，收获圆满人生呢？ 那就需要学会把话说得滴水不漏，成为一个会说话的人。

会说话的人可以明确表达自己的意图，能够把道理说得清楚、动听，并使别人乐意接受。 会说话的人的金玉良言被人称赞，绝词妙语被人欣赏。 不会说话的人则常吞吞吐吐，含糊其词，甚至可能会造成误会，伤及感情，对人对己都不利。

说话是一门艺术，是一门值得推敲的艺术，尤其是在人际交往的过程中，说话的好与坏关系交往的成功与否，而揣摩对方心理，把话说到别人的心里去，是说话得体、动听，从而达到成功的关键因素。

说话是一种技巧，我们必须熟练地掌握这种巧妙的方法，才能够成功。 在说话的时候要认清对方，顾虑别人的感受，坦白率直，细心谨慎。 所以每次说话要根据实际的情况，切不可唯我独尊。 因为我们说话的目的是说明一些事情，使人产生兴趣，所以说话要清晰，要有力度。

本书通过大量贴近生活的事例和精练的要点，将实用、常用、具有操作性的说话技巧倾囊相授。 愿大家都能成为一个会说话的人，早一天拥有幸福的人生。

2019 年 5 月

目 录
CONTENTS

第一章　会说话的人，拥有强大的气场

说话是一种能力，更是一门艺术 / 002

初次见面，寻找适当话题 / 007

好口才是领导力的第一要务 / 009

有口才的人一定是人才 / 013

谈判、销售专家的秘密武器 / 018

知识深厚，才能妙语连珠 / 022

生活态度积极的人最会说话 / 027

会说话也能弥补工作上的失误 / 031

第二章　和同事说话，和谐融洽是关键

树立会说话的形象风范 / 036

说话有分寸，团队才和谐 / 040

巧用幽默语言，和同事分享快乐 / 044

避免无谓的闲聊，以免损害形象 / 047

理智对待同事的冷言冷语 / 049

同事与你抢功，你该怎么说 / 051

当同事有缺点时，这样说才不尴尬 / 053

第三章　与领导沟通，重点在得体

与上司交流，贵在恰到好处 / 056

这样汇报工作，上司最满意 / 059

恰当赞美，让沟通更顺畅 / 062

表达不同观点的艺术 / 065

指出上司过错的四大技巧 / 068

第四章 与下属交流，展示你的亲和力

态度温和，平等沟通 / 072

向下属提问的语言技巧 / 074

如何向下属表达自己的观点 / 078

委婉发布坏消息，减轻打击力度 / 082

批评还须因人而异 / 085

如何处理与员工的矛盾 / 087

第五章 把话说对，订单就是你的

好的开场白是成功的一半 / 092

刺激欲望，激发兴趣巧成交 / 097

以关爱打动人心，赢得客户信任 / 100

幽默风趣，促进营销 / 103

营销语言要简洁准确，切中要点 / 106

向顾客提供信息要有分寸／108

实例演示与口才相结合／111

及时回答提问，掌握答复技巧／113

恰到好处地恭维对方／116

必须努力避免的洽谈语言／118

提升说服力，顺利成交／121

第六章　聊出友情，好朋友是谈出来的

利用闲谈增进感情／126

换位思考，维护他人自尊／132

善解人意，消除误解／135

朋友间要直率诚笃地交谈／138

朋友间"不是亲人，胜似亲人"／141

低姿态赢得朋友信任／143

尊重隐私，为朋友保守秘密 / 145

少说客气话，多点坦诚赞美 / 148

付出真诚，就能收获友谊 / 151

第七章　和谐家庭，关键就在会说话

婚姻需要甜言蜜语的滋养 / 154

满足她"说"的欲望 / 157

选择好沟通的时机 / 160

沟通心灵的语言艺术 / 164

倾听是沟通的重要组成部分 / 169

一句拉近夫妻感情的话 / 174

与对方分享自己的感觉 / 177

在乎对方的感觉 / 180

第一章

会说话的人，拥有强大的气场

说话是一种能力，更是一门艺术

　　一个人不管生性多么聪颖，接受过多么高深的教育、穿着多么漂亮的衣服、拥有多么雄厚的资产，如果无法流畅、恰当地表达自己的思想，只是简单地把语言无组织地表达出来，仍旧无法真正实现自己的价值。

　　早在春秋时期，孔子就意识到说话不只是简单的动动嘴皮子，为了让人们能更好地表达自己的思想、把话说好，他在学校开设了说话课，因此培养出了大批能言善辩的弟子。另外，春秋战国时期自由论辩、百家争鸣的盛行，策士为游说诸侯，扩大自己的思想影响，也都非常注重说话的艺术……

　　曾担任过北大讲师的鲁迅在《立论》中曾写到过这样一个故事：

　　　有一家人的小孩满月，摆酒，请了许多人来祝贺。许多人来送礼，当然，也说了很多祝贺的话。这个说，这个小孩的面相真好，将来一定是个大官。那个说，这个小孩的眼睛很有灵气，将来一定是个大才子。诸如此类。主人听了非常高兴，一一答谢，还请他们就座吃饭。这时，突然冒出个人说了句，这个小孩以后肯定会死掉。主人听了大怒，让仆人把说这话的人赶了出去。

"这个小孩以后肯定会死掉。"这是谁都知道的千真万确的真理，可是没人愿意听别人这样说自己的孩子。 或许这个孩子将来不一定会当官、成才，但在满月这个喜庆的日子里说些祝福的话，总能让人心情愉悦。 尽管说孩子肯定会死掉的这个人本身并没有说错，但在这样的场合里随心说出不合时宜的话，也就难怪主人生气将他赶走了。

这就告诉我们，说话不只是简单的动动嘴，把话说出来那么简单，在说话之前说话者还应考虑什么话该说、什么话不该说、该说的话要怎样说才能取得好的效果。 其实故事中的这个人大可以这样说："啊呀！ 这孩子呵！ 您瞧！多么……阿哼！ 哈哈！"这样模糊的智慧回答，既不会惹怒主人，又不会违背自己说真话的意愿，可谓一举两得。

说话绝不是动嘴把自己想的说出来那么简单，同样一件事情，讲话者用不同的方式说出来，表达的效果却是截然不同的。

古巴比伦有一位国王，有一天晚上做了一个奇怪的梦，他梦到自己满口的牙齿都掉光了，无法吃任何东西。醒来后国王的心情十分糟糕，他担心梦预示着会发生什么不祥的事，于是，便命人请来了两个解梦人解梦。

国王问他们："为什么我会梦见自己满口的牙全掉光了呢？这代表着什么？这是不是什么不好的征兆？"

第一个解梦人听后解释道："国王陛下，这个梦的意思是，在你所有的亲人一个不剩地全部死去以后，你才能死。"国王听后，觉得这话十分晦气，本来已经糟糕的心情更加烦躁，他勃然大怒，命人将第一个解梦人杖责二百之后赶出王宫。

接着又问第二个人："你呢？你的解释也和他一样吗？"第二个解梦人机敏地说："当然不是，国王陛下，您这个梦的意思实际上预示着您将是您所有亲属当中最长寿的一位！"国王闻听此言，心情舒畅了很多，脸上也露出了笑容，直夸这位解梦人有学问，并命人赏了一百枚金币给他。

事实上，这两个解梦人要表达的是同一个意思，但结果却是：一个因为只会动嘴说，却不知道说话的艺术而被国王杖责赶出皇宫；另一个由于会说话，巧妙地把自己想要表达的说出来受到了嘉奖。

相传，父子俩冬天在镇上卖便壶（俗称"夜壶"。旧时男人夜间或病中卧床小便的用具）。父亲在南街卖，儿子在北街卖。不多久，儿子的地摊前有了看货的人，其中一个看了一会儿，说道："这便壶大了些。"那儿子马上接过话茬："大了好哇！装的尿多。"人们听了，觉得很不顺耳，便扭头离去。在南街的父亲也遇到了顾客说便壶大的情况。当听到一个老人自言自语说"这便壶大了些"后，马上笑着轻声接了一句："大是大了些，可您想想，冬天夜长啊！"好几个顾客听罢，都会意地点了点头，继而掏钱买走了便壶。

父子两人在一个镇上做同一种生意，结果却大不一样，出现这种差别的原因就在于他们两人不同的说话技巧上。尽管儿子的话说得也没错——便壶大装的尿多，但不可否认，他的话太粗俗，让人听了很不舒服。本来，买便壶不俗不丑，但毕竟还有些私密的因素在内。人们可以拿着脸盆、扁担等大大方方地在街上走，但拎着个便壶大摇大摆地在街上走，就多少有些不自在了。如此一来，儿子直通通的大实话怎么能不使买者感到几分别扭？而父亲的表达就不是动动嘴把话说出来那么简单了——他先赞同顾客的话（"大是大了些"），以认同的态度拉近与顾客的距离，然后，又以委婉的话语说"冬天夜长啊"，这句看似离题的话说得实在是好。它无丝毫强卖之嫌，却又富于启示性。其潜台词是：冬天天冷夜长，夜解次数多且又怕冷不愿意下床是自然的，便壶大正好派上用场。这是种善意提醒，顾客不难明白。卖者说得在理，顾客买下来也就是很自然的了。儿子一句话砸了生意，父亲一句话盘活了生意，这正说明了说话绝不是动嘴那么简单。

现实生活中，我们经常听到别人这样说："我这个人笨嘴笨舌，讲不好话。"人们通常都不会认为这是什么缺憾。其实，这是一个错误的观点。现在的社会是个信息大爆炸的社会，信息的作用越来越大。任何一项工作都需要进行信息的交流和传递，而语言是最普遍、最方便、最直接的信息传递方式。这时，语言能力强、会说话，双方就能顺利而准确地接受和理解信息，实现顺利交流；语言能力弱、只知道简单的动嘴，就不能很好地把信息传递给对方，交流会因此出现中断，甚至中止，进而导致失败……的确，许多人并不是败在能力上，而是败在了说话上。说话本身或许很容易，两片嘴唇碰一碰，语言便生成了。但若想把话说出水平，说得有意思、有创意，就不是那么容易的事情，而要做到口吐莲花、能言善辩、巧舌如簧、打动人心就更加困难了。

说话不只是动嘴把话说出来那么简单，要想将自己的思想和见解在别人面前很好地表达出来，不仅要说，还要会说。但每个人并非天生就具有良好的口才，对大多数人而言，想要把话说好，达到"开口是金"的效果并非易事。明白了这一点，我们就应该多在说话上下功夫，在说话的时候多动脑思考，认真想一想怎样才能更好地把自己想要表达的话说出来，为自己的说话添加上智慧的因子。只要方法得当，持之以恒地多加锻炼，任何人都能够提升自己的语言表达能力。

初次见面，寻找适当话题

每个人都有自己的性格、自己的心理和思想特点，初次见面时，必然会面临一个共同的问题，该谈点什么呢？这时，建议从以下几个方面试试看：

1.围绕环境氛围，寻找话题的"着眼点"

环境氛围是一个比较随意又包含广泛内容的话题，谈论身边所发生的事情，交谈起来会让人感到自然、随意、轻松。对此，往往能反映出一个人说话办事等方面的水平和方式，更能反映出一个人是否善于观察事物、分析并处理矛盾，只要把寻找话题的着眼点放在身边的环境氛围上，话题就可以信手拈来。

2.围绕兴趣爱好，寻找话题的"共鸣点"

每个人都有自己的兴趣爱好，即使不善言谈，只要与人谈起他的兴趣爱好，双方也会熟络起来。可惜，初次见面，你还不清楚他的兴趣爱好是什么，这该怎么办？没关系，不妨先谈谈你自己的兴趣爱好，抛砖引玉，找到共鸣，以此增加了解和加深感情。

3. 围绕事业追求，寻找话题的"闪光点"

事业是一个人安身立命的根本。任何一个对事业和人生有着昂扬斗志、不懈追求的青年人，一旦与人谈起工作、人生方面的话题，就会激情澎湃。故而，牢牢抓住对方在这个方面的一些"闪光点"挖掘话题，交谈就会很顺利。

4. 围绕社会生活，寻找话题的"兴奋点"

在丰富多彩的社会生活中，总有一些最深切的体会、最想说的话、最厌恶或最喜欢的人和事、最关心或最希望得到的东西吧？那么，当无话可说时，就随便找一个你最兴奋的"点"去谈吧。

好口才是领导力的第一要务

有人曾经说过这样一句话：领导力就是赢得追随者的能力。而要引导和调动别人，让他们成为自己的追随者，成功沟通和积极鼓动的语言是一种有效的手段。在当今这样的信息时代，领导者无论是开会讲话、上传下达，还是交际应酬、传递情感，都需要用语言交流。要实现有效的、成功的领导，就必须充分利用好领导环境，导之于言而施之于行，最大限度地引导和调动被领导者朝着既定的目标共同努力。也就是说，优秀的领导者要想将自己的领导力有效地传达给他人，往往需要具备强大的口才说服力。

著名的教育家蔡元培先生在就任北京大学校长时的一番演说，充分体现出具备好口才对一名领导者的重要意义。

蔡元培上任北大校长后不久便发表了题为《就任北京大学校长之演说》的演说，在演讲中他满怀热忱，谆谆告诫青年学子，要他们提高认识、端正学风。他以沉痛的语气告诫青年学子："方今风俗日偷，道德沦丧，北京社会，尤为恶劣，败德毁行之事，触目皆是，非根基深固，鲜不为流俗所染……"

蔡元培校长的演讲掷地有声，慷慨激昂，他用自己精彩的演讲唤醒了当时的北大学子，让身处社会转换期道德失去规范的环境中的青年人不再沉沦，激励他们在洁身自好的同时，肩负起改造社会、匡正流俗的责任。由此可见，领导者只有拥有良好的口才能将自己的心声有效地传达给他人，激励别人鼓足干劲。

卡耐基认为，"一个人成功只有 15% 是依靠专业技术，而 85% 却要依靠人际交往、有效说话等软科学本领"。这里的有效说话，其实说的就是好口才对一个领导者的重要性。好口才是领导力的第一要务。现实生活中很多著名的政治家都是天才的演说家，他们利用语言这把利器，圆满地完成了各项政治使命。周恩来、陈毅在风云变幻的国际政治生涯中善于辞令，机智、雄辩，大大提高了新中国的国际地位和声望。"二战"时期，丘吉尔、戴高乐每一次铿锵有力的演说，都成为射向法西斯的利箭，极大地鼓舞了人们战胜法西斯的斗志。所有这些，都说明领导者具有语言表达艺术，能够创造巨大的精神财富和物质财富。

有"铁娘子"之称的英国首相撒切尔夫人，是 20 世纪中后期世界知名人物之一。1978 年 10 月，她在接任英国保守党领袖后的第一次讲话，就表现出了她卓越的水平。她说:"我是继伟人之后担任保守党领袖的。我们的领袖丘吉尔,把英国的名字推上了自由世界的历史顶峰;麦克米伦使很多凌云壮志变成了每个公民伸手可及的现实;霍姆赢得了我们大家的爱戴和敬佩;希思使我国于1973年加入了欧洲经济共同体。他们都完成了当时历史交给他们的使命。现在,我们的使命也已摆在了我们的面前,那就是:克服我们的财经困难,重新建立我们自己的信心。

"我认为,英国的光荣传统是人人都有劳动权力,有支配自己财产的权力,有拥有财产的权力,有做国家仆人而不是凌驾于其上的权力。这些是自由国家的本质。我们的一切自由,都是建立在国家享有这种自由的基础上的。"

撒切尔夫人的这次讲话,为其在1979年5月的竞选获胜奠定了良好基础。她首先以简练的语言赞扬了前几届领袖的丰功伟绩,赢得了前几届领袖的拥护者的拥护。接着指出了当前的任务,并直接阐明了自己的政治观点,肯定了英国的历史、国家尊严,把自己的执政思想、治国方略全部展现在英国公民面前,从而振奋了民心,激励人民奋进。

由此看来,领导者的讲话水平不仅体现其机构意志,而且一次高水平的讲话能使讲话者的影响力更加强大。事实上,作为一个组织发展的引导者、指导者,领导者的一切具体工作最终都要通过语言来完成。主持会议、布置工作、接待来访、社交活动、发表演说等，都离不开口才，语言表达能力的高低甚至会直接影响这些活动的效果。

美国人类行为研究者汤姆士指出："说话的能力是成名的捷径。它能使人显赫，鹤立鸡群。能言善辩的人往往使人尊敬，受人爱戴，得人拥护。它使一个人的才学得到充分拓展，熠熠生辉，事半功倍，业绩卓著。"他甚至断言，"发生在成功人物身上的奇迹，一半是由口才创造的。"因此领导者不能仅仅满足于一般的语言沟通，每一个领导者都应清醒地认识到语言表达能力的重要性，进而更好地掌握这个随身携带、行之有效、战无不胜、攻无不克的神奇武器。

有口才的人一定是人才

毕业于北大的新东方创始人俞敏洪说："运气不可能持续一辈子，能帮助你持续一辈子的东西只有你个人的能力。"是的，只有个人能力才是创造成功的保障，那么，一个人最重要的能力是什么呢？在一次私人聚会上，小布什、比尔·盖茨等众多的美国灵魂人物在一起讨论成功最重要的因素。最终他们得出的结论是口才等五项能力被认为是最不可或缺的，并且口才被列在第一位。换句话说，他们认为口才是一个人最需要具备的五项能力之首。这些成功人士都将口才作为最重要并不断加强训练的最关键的技能。在他们看来，无论是谈判、合作，还是激发员工、说服大众，口才都是唯一能最低成本且最容易实现目标的途径。哪怕你没财富，没人脉，没有美貌，只要有了口才，你就能登上财富和成功之巅。

一个具备好口才、会说话的人，常常能说理切、举事赅、择辞精、喻世明，轻重有度、褒贬有节、进退有余地、游刃有空间，并且他们能够通过口才将自己的能力展示出来，从而为自己获得成功添加砝码。有人曾说过这样的话：人才不一定有口才，但有口才的人一定是人才。从以上角度来看，口才的确是一个人最重要的五项能力之首，一个人能不能取得成功，很大程度上取决于会不会说话。

2003年10月15日"神舟五号"升空飞行之后，中央电视台《东方时空》曾专门对杨利伟和他的领导进行采访，请他们回答"杨利伟怎样成为中国太空第一人"这一广受关注的问题。

被采访的航天局领导说了三个原因：一是杨利伟在5年多的集训期间，训练成绩一直名列前茅；二是杨利伟处理突发事件的能力特别强，在担任歼击机飞行员时，多次化解飞行险情；三是他的心理素质好，口头表达能力强，说话有条理，有分寸。凭借以上三个优势，杨利伟最终通过了1600人—300人—14人—3人—1人的淘汰考验。

第三点原因令收看此节目的观众感触颇深。节目中还介绍，在总结会上，杨利伟准备充分，积极发言，发言条理清晰，逻辑性强，再加上不慌不忙，故而给领导留下了深刻的印象。

所以，当口头表达能力作为选择的一个重要条件时，天平就偏向了杨利伟。

从杨利伟身上，我们可以看到出色的口才不但能帮你施展才华，更会让你赢得成功。工作能力差不多的两个人，语言表达能力不好的人升迁机会往往要比既会办事又会说话的人少得多。"干得好不如说得好"这句话难免过于偏颇，但是现实生活中，会做事再加上会说话，这样的人肯定能更快地受到领导的青睐和重用。

一次谈话就可以决定一个人事业的成败，这一点也不夸张，它可以使一个人的才学得到充分拓展，事业发展当然也就更加顺利，而且，发生在成功人物身上的奇迹，很多是由口才创造的。而古往今来的风云人物也都是擅长说话的高手，例如著名的英国首相撒切尔夫人。1983年元旦，英国女王伊丽莎白二世为多年给首相撒切尔夫人担任顾问的戈登·里斯授爵位。其主要功绩是：有效地提高了撒切尔夫人的演说能力和应答记者提问的能力；为撒切尔夫人撰写了深得人心的演讲稿……一句话，为英国塑造了一位崭新的"风姿绰约、雍容而不过度华贵、谈吐优雅和待人亲切自然的女首相形象"。

不仅仅政治人物因能言善道而备受人尊崇，普通人也是如此。现如今，人们会把说话作为衡量优秀人才的重要尺度之一，比如，企业招聘人才时，面试是必需的。很多大型公司在招聘人才时，甚至专门就面试者的说话能力进行了规定，其规定内容还以条文的形式一一列举，其中包括以下诸条：应聘者声若蚊蝇者，不予录用；说话做不到抑扬顿挫者，不予录用；交谈时，说话浮想联翩毫无重点者，不予录用；答问时拖泥带水者，不予录用；说话死气沉沉毫无生气者，不予录用; 说话前后矛盾、颠三倒四, 甚至不知所云者, 不予录用等。 或许, 这些大公司这样做显得很苛刻, 但是, 这也反映了一个事实, 那就是一个人会不会说话与他的事业之间有着密切的关系, 是否会说话在某种程度上决定了他是否能够胜任本职工作。 口才是一个人思维的体现。 一个能言善道、善于清晰表达自我的人, 他做起事情来一定是思路清晰、条分缕析的, 因此更容易出业绩, 更容易被人发掘。

美国某研究所进行的一项专门调查显示, 有65％以上的员工因为语言能力问题而迟迟得不到升迁, 有的员工即使因为业务能力强而暂时得到升迁, 但继续升迁的困难很大, 究其原因就是语言表达能力不过关。 事实上, 语言的作用不仅是传达信息, 它更是传达一种力量。 "二战"期间美国人把"舌头"、原子弹和金钱称为获胜的三大战略武器, 在这个比喻中, "舌头"（即说话、口才）被排在了第一位, 也充分体现出人们对口才的重视。

现代社会是一个繁忙的社会, 具有好口才的人必然是现代社会中的活跃人物。 实际上, 人们常常根据一个人的讲话水平来判断其学识、修养和实力。 好的口才如同好的色彩, 能够让他人更直接地感受到你的为人, 从而促进有效交流。然而, 社会中有很多人都不善于和他人沟通, 甚至害怕和别人沟通。 尽管他们也明白沟通很重要, 但在工作中还是会不自觉地尽量避免与他人沟通, 或者减少沟通的内容。 这样的人即使具备很强的专业能力也很难取得大成就。 因为任何活动都不是一个人的独角戏, 不懂得说话沟通的人很难在团队合作中找到自己的位置，更不用说在客户开发、企业宣传等方面取得成绩了。 好口才是人类生活中应用最普遍而最难能可贵的技术或艺术，在人生旅程中更是一个人获取资源的重要资本。 一个人的说话能力可以代表一个人做事的力量，不会说话的人，就好比那些发不出声音的留声机一样，尽管在那里转动，却不会使人感兴趣。 因而，作为最重要的五项能力之首的口才，是现代人士的一门必修课。

谈判、销售专家的秘密武器

我们常常羡慕那些能言善辩的谈判、销售专家，他们的说话技巧为大家所折服。曾任北京大学教授的著名哲学家冯友兰先生说过，"一个战士用他的武器，到最熟练的时候，也会觉得他的武器就成为像他的身体的一部分，就像他的手脚一样"。对于那些谈判高手、销售人员来说也是这样，他们的武器就是出色的口才，因为他们往往能通过各种说话技巧，轻松达成自己的心愿。对他们而言，语言是与客户沟通的媒介，一切谈判和销售活动都首先通过语言建立起最初的联系，从而促使活动不断进展，最终达到谈判或销售目的。

每个人的身体都蕴藏着巨大的能量，成功并不需要让自己彻底改头换面，你要做的只是恰如其分地将自己的优点与优势展示于人，将自己的潜能极大地发挥出来。而要做到这一点，拥有好的口才很重要。通常，话说得恰到好处，很容易拉近与客户的距离，提高生意的成交概率。

身处销售第一线的业务或服务人员在推广产品时都

明白绝不能问消费者需要什么，而是要问："A 餐和 B 餐你想要哪一个呢？"

这种双击模式的问话，往往能提高五到六成的销售率。

另外，面对那种在卖场里走来走去选购西装，从外表看起来没有强烈购买意愿的顾客，出色的销售人员一般都会选择这样做。

销售员会微笑着靠近，轻声问：

"您的气质蛮适合蓝色系和绿色系的，您要找哪一种色系的？"

"喔！真的吗？那……看看蓝色系的好了！"

"这个款式是现在最流行的样式，保证物超所值，而且和你的气质也很相称。你喜欢吗？"

销售人员采用这样的说话方式，要比问"您要怎样的款式？""您的预算有多少？"这样的表达有效得多。因为，通常来说，顾客对衣服的款式都没有明确的认识，而且直接问顾客的购物预算又显得没有礼貌。而给顾客提供选择题不仅能快速地了解顾客需求还能有效地激发顾客的兴趣，自然就有利于销售人员的推销活动了。一般来说，在这种情况下顾客通常都会不假思索地完成交易。每个人应该都有过原本并不打算买什么，却莫名其妙买了自己用不到东西的经验，出现这种情况很大程度上都归功于销售人员绝佳的口才。

口才不仅是销售人员的秘密武器，对于谈判高手来说，好口才对谈判的成功与否也起着决定性作用。谈判是一门艺术，在辩论、谈判等需决定胜负的交际场合中，拥有好口才的人总能抓住谈判的重点，使那些自己组织起来都很困难的说理性的攻击通过一种较为简便但又能慑服对手的方式传达出去。可以说，巧妙的口才表达对于整个谈判的顺利进行至关重要。

战国时，齐国的孟尝君主张合纵抗秦，他的门客公孙弘对孟尝君说："您不妨派人到西方观察一下秦王。如果秦王是个具有帝王之资的君主，您恐怕连做属臣都不可能，哪里顾得上跟秦国作对呢？如果秦王是个不肖的君主，那时您再合纵跟秦作对也不算晚。"孟尝君说："好，那就请您去一趟。"公孙弘便带着十辆车前往秦国去看动静。

秦昭王听说此事，想用言辞羞辱公孙弘。公孙弘拜见昭王，昭王问："薛这个地方有多大？"公孙弘回答说："方圆百里。"昭王笑道："我的国家土地纵横数千里，还不敢与人为敌。如今孟尝君就这么点地盘，居然想同我对抗，这能行吗？"公孙弘说："孟尝君喜欢贤人，而您却不喜欢贤人。"昭王问："孟尝君喜欢贤人，怎么讲？"公孙弘说："能坚持正义，在天子面前不屈服，不讨好诸侯，得志时不愧于为人主，不得志时不甘为人臣，像这样的贤士，孟尝君那里有三位。善于治国，可以做管仲、商鞅的老师，其主张如果被听从施行，就能使君主成就王霸之业，像这样的贤士，孟尝君那里有五位。充任使者，遭到对方拥有万辆兵车君主的侮辱，像我这样敢于用自己的鲜血溅洒对方衣服的，孟尝君那里有十个。"

秦国国君昭王笑着道歉说："您何必如此呢？我对孟尝君是很友好的，并准备以贵客之礼接待他，希望您一定要向他说明我的心意。"公孙弘答应后回国了。

语言交流是成功完成谈判和销售的开始，这个头开得好与否，直接关系谈判和销售的成败。从这一角度来讲，可以说好口才是出色的谈判高手、销售人员的秘密武器。好口才具有特殊的魔力，因为出色的语言表达能使亲情更亲、情谊更深、爱意更浓，能使陌生人成为朋友，也能使冤家化干戈为玉帛……

因此，我们应该重视对口才的培养。事实上，出色的谈判高手、销售人员也并非一开始就那么出色，他们多半是通过后天的努力而练就的说话能力，你只要努力也完全可以像他们一样出口成章。

知识深厚，才能妙语连珠

口才反映了一个人的道德修养、学识水平、思辨能力。要想使自己的语言具有艺术魅力，仅仅靠技巧是远远不够的，一味地追求技巧而忽略自身的素质培养只能是舍本逐末。因此，我们在学习语言技巧的同时，还应全面提高自身的学识修养。

好口才必须建立在丰富的知识基础上。一个人只有具有审时度势的能力、广博的知识，才能做到谈资丰富、妙言成趣，从而做出恰当的比喻，说出恰当的话。因此，要培养自己的口才，必须广泛涉猎，充实自我，丰富自己的内涵，提高自己的学识修养，不断从浩如烟海的书籍中收集智慧的浪花，从名人趣事的精华中撷取口才的宝石。如此才能够口吐莲花，妙语连珠，倾倒众人。

2005年6月，人民网对央视著名主持人、毕业于北京大学的撒贝宁进行采访时，他充分表达了知识对自己主持工作重要性的看法。

记者在采访中问道："您的主持风格受到了观众的喜爱，特别是大学生们的喜爱。您的这种充满青春活力的主持风格和您的学习生活有关吗？"

撒贝宁回答道："当然有关系。其实主持人的专业知识不是怎么发声、使用什么样的表情，而是他对社会、生活、人有多深的了解。主持人有了自己的专业或者是渊博的知识、丰富的阅历作为支撑点，这样当他坐在主持人的位置上时才能沟通电视内外，沟通嘉宾和观众，通过不断的沟通把所有人的意见表达出来，形成有效的信息传播出去。

"在这一点上，我要感谢北大。北大的那种宽容和随意给了我一个环境，这个环境告诉我想怎么学习都可以，这4年里我凭着自己的兴趣和爱好做了一些事，这些事在无意识中锻造了我的一些能力。"

我们通过撒贝宁的回答可以看出，他已经将学习与生活自然地融为一体，正是这种对知识积累的重视和不断要求进步的执着让他成为法治节目主持人中的领跑者。

知识面不够宽广，就算口才方面的技巧掌握得再好也无法说出有意义的话，更谈不上说服别人了。那些能说出准确、缜密的语言，清新、优美的语言，幽默、机智的语言的人一般都是知识渊博的人，他们口中的话都来源于自己头脑中的广博知识；而那些说话油腔滑调、不学无术的人根本不算具备好口才的人。不管怎样，只有那种以丰富的知识为坚强的后盾，能够给人以力量、愉悦之感的谈话，才是真正的好口才。

苏秦是我国战国时期一位有名的纵横家。什么是纵横家呢？纵横家就是战国时期一些依靠自己的口才来为各国君主出谋划策的人，换句话说，就是一些靠着嘴皮子吃饭的人，苏秦就是其中一位杰出的代表。

但是，苏秦并非一开始就是成功的。他是当时大名鼎鼎的鬼谷子的学生，从老师那里学成出师之后，他曾经先后去游说过周王、秦王，但是都失败了。

随后，苏秦很落魄地回到了家里，受到了亲戚朋友，甚至包括自己父母的冷遇。于是他发愤图强，拼命地刻苦攻读，为了防止自己在学习时打瞌睡，他就用一把小锥子朝自己的大腿上狠狠地刺一下，使自己继续学习下去。

苏秦经过了一番刻苦的钻研，终于使自己的学识又上了一个新的高度。于是他再次出山，以自己苦心钻研出来的"合纵之道"游说各国君主，终于获得了巨大的成功，以致身佩六国相印，以三寸不烂之舌抵挡百万雄兵，成了一个"前无古人、后无来者"的例子。

从苏秦的例子中，我们不难看出，拥有好的口才是建立在深厚的学识基础之上的，如果脱离了这个根本，那么口才就会成为"无源之水、无本之木"，像白开水一样的话又怎么可能说服别人呢？

　　人的才能是由知识转化而来的，是建立在知识的基础之上的。才，是知识的产物，是知识的结晶。一个人才能的大小，首先取决于他自身知识的多寡、深浅和完善程度。同样，一个人口才的好坏，也与他的学识是否广博有着密切的联系。要想让他人觉得言之有物、不空不泛，就要多加注意知识的积累，厚积薄发，才能智慧过人。否则，口才技巧就是空谈。

　　那么，如何在生活中积累说话的素材呢？

　　首先，可以通过不断学习来积累素材。

　　现代生活中，虽然网络已经非常普及，但还是有很多人每天都会看报纸、杂志，以及读书。其实，这也是一种积累说话素材的好方法。在读书看报时，准备一支笔和一个笔记本，把见到的好文章或让自己心动的话语记下来。每天坚持做，哪怕一天只记一两句，也是很有意义的。日积月累，在谈话的时候，会不经意地用上曾经记下来的语句，也许它们会随时随地从你的头脑里冒出来，让你尽情地谈吐，给你一个意外的惊喜。

　　其次，可以通过交谈或倾听积累警句、谚语。

　　在听别人的演讲或谈话的时候，随时都可以听到表现人类智慧的警句、谚语。 把这些话在心中重复一遍，记在本子上，久而久之，你谈话的题材、资料就会越来越多，你的口才也会越来越好。

总而言之，知识是口才智慧的基础，好口才源于对知识的学习和积累。 在日常生活中，要随时计划、安排、改进生活，不能随意性太强，让机会白白流掉。

生活态度积极的人最会说话

一个人的生活态度对一个人的口才好坏有着重要的影响，拥有积极的生活态度的人，不会因为别人的冒失而抱怨，也不会被自己的曲折人生吓倒。世界在他们的眼中是彩色的，是充满希望与美好的。他们的心中充满了积极的力量，从他们口中说出的话也充满了积极的力量，好口才也就不期而至了。

人常说，"生活不是缺少美，而是缺少发现美的眼睛"，生活态度积极向上的人有一双发现美的眼睛，有一张享受美的嘴巴。他们的说话习惯，于己，能让日子多些乐趣；于人，能使彼此多些轻松。

启功作为中国知名的书画家，他的前半生可以说是充满坎坷和艰辛。1岁丧父，母子二人便由祖父供养。10岁祖父过世，家道中落，一贫如洗，再无钱读书，由于得到祖父门生的极力相助，才勉强读到中学，但尚未毕业。由于个性坚强，不愿再拖累别人，便决心自谋生路。经祖父的门生傅增湘先生介绍，认识辅仁大学校长陈垣，经陈垣介绍，两次工作皆因没有学历而被炒。但他却没有绝望，一边靠卖字画为生，一边自学，最后终于在辅仁大学谋到一个教职。此后，在陈垣校长的耳提面命之下，取得长足进步。

经过无数人生历练的启功，不但在艺术上取得了非凡的成就，而且在心灵上步入了大彻大悟之境，生命中充满着一种"身心无挂碍，随处任方圆"的大气和洒脱。

启功成名之后，经常有人模仿他的笔墨在市面上出售。有一次，他和几个朋友走在大街上，路过一个专营名人字画的铺子，有人对启功说："不妨到里面看看有没有你的作品。"启功好奇，大家就一起走进了铺子，果然发现好几幅"启功"的字，字模仿得很到家，连他的朋友都难以辨认，就问道："启老，这是您写的吗？"启功微微一笑赞道："比我写得好，比我写得好！"众人一听，全都大笑起来。谁知说话之间，又有一人来铺里问："我有启功的真迹，有要的吗？"启功说："拿来我看看。"那人把字幅递给他。这时，随启功一起来的人问卖字幅的人："你认识启功吗？"那人很自信地说："认识，是我的老师。"问者转问启功："启老，您有这个学生吗？"作伪者一听，知道撞到枪口上了，刹那间陷于尴尬、恐慌、无地自容之境，哀求道："实在是因为生活困难才出此下策，还望老先生高抬贵手。"启功宽厚地笑道："既然是为生计所害，仿就仿吧，可不能模仿我的笔迹写反动标语啊!"那人低着头说:"不敢!不敢!"启功听他说完便走出店门,同来的人说:"启老,您怎么就这样走了?"启功幽默地说:"不这样走,还准备送人家上公安局啊?人家用我的名字,是看得起我,再者,他一定是生活困难缺钱,他要是找我借,我不是也得借给他吗?当年的文徵明、唐寅等人,听说有人仿造他们的书画,不但不加辩驳,甚至还在赝品上题字,使穷朋友多卖几个钱。人家古人都那么大度,我何必那么小家子气呢?"

我们不难从故事中体会到启功积极向上的人生态度。尽管生活并不如意,但启功并没有因为曾经生活中的坎坷与曲折就否定了人生阳光的一面,他依旧用一颗宽容的乐观之心对待这个世界。从他口中说出的话也充满了一种积极的力量,让我们看到了一种积极的生活态度对一个人说话的影响。

一个具有积极向上的生活态度的人,说出的话总能给人积极的感觉。因为说话者自身就有积极向上的内心。内心的积极通常能让一个人的言谈自然而然地充满睿智的因子。

一个老人应邀去一家电视台做节目嘉宾。他讲话的内容完全是毫无准备的,当然更没有预演过。但不管他什么时候说什么话,听起来总是特别贴切,毫不做作,观众听着他幽默而略带诙谐的话语都笑弯了腰。最后,台下一名观众禁不住好奇地问他:"您这么快乐,一定有什么特别的快乐秘诀吧?"

"没有,"老人回答道,"我没有什么了不起的秘诀。

我快乐的原因非常简单，每天当我起床的时候我有两个选择——快乐和不快乐，不管快乐与否，时间仍然会不停地流逝，我当然会选择快乐。如果要秘诀的话，这就是我的快乐秘诀。"

积极向上的生活态度催生好口才，只有具备了积极向上的生活态度，我们才能在说话的时候自然不做作。

拥有积极向上生活态度的人说出的话通常也会带给倾听者积极向上的力量，让他人从中汲取积极的因子。这样一来，说话者就会受到听众的欢迎，也就相当于为自己赢得更大的说话舞台，从而增加自己的自信。因此，告诉自己："一切都进行顺利，生活过得很好，我选择快乐。"决定自己口才的人不是别人，正是你自己！而只有一个内心真正积极向上的人，才可能具有好口才的素养，才可能无私地将快乐呈现给他人。

因此，想要具备好口才就要先做一个真正具备积极向上生活态度的人，努力培养自己诚实、善良、真实等美好的品质。随着口才的提高，你的生活也将丰富多彩，整个人的个性品质和各方面的能力都会提高。拥有积极向上生活态度的人更容易获得他人的信任，人们也更喜欢与这样的人交谈，只有这样我们才能体会更多的说话的乐趣。

会说话也能弥补工作上的失误

我们都明白这样一个道理，在职场中，一个人在具备良好的处理问题的能力的同时还能妙语连珠，这样的员工肯定能迅速受到领导的青睐和重用；在职场中，做事能力相差不多的两个人，语言表达能力不好的那一位，在工作的过程中遇到的问题肯定会比拥有一副好口才的人要多得多。

实际上，对于每一个人来说，说话的能力和工作的能力同样重要。 对于说话能力而言，和领导沟通的能力是重中之重。 据美国一家研究所进行的一项专门调查显示，有80%以上的企业管理者经常发出"员工语言表达能力每况愈下"这样的抱怨。 这主要表现在两个方面：与同事沟通出现语言障碍，向领导汇报时表述不清。 由此可见，语言表达能力不够强，的确会给一个人的工作带来诸多麻烦。

只有具备良好的语言表达能力，也就是好的口才，才能为你的工作加分，这早已成为职场人士的共识。 实际上好口才不仅能为一个人的职业生涯带来帮助，更值得注意的是它所具备的安全网效果，即"弥补工作上失误"的作用——假如一个人在工作中出现了什么小失误，具备好口才的人，总能通过自己的争取获得弥补的机会，甚至让他人接受自己的小失误，化失误为创新。

　　亚慧在一家服装公司做市场宣传。在公司组织的一次新品发布会中，她负责邀请名单的发放工作，但在做这项工作的时候她犯了一个比较严重的错误：漏掉了一位非常重要的大客户。自知闯了大祸的亚慧经过激烈的思想斗争，决定承认自己的错误，并加班加点为这位客户办一次专场新品发布会。至于额外的费用，亚慧准备自己承担一半。带着这个方案，亚慧来到老板的办公室。她非常诚恳地告诉老板："我犯了一个非常严重的错误，真的非常抱歉，出现了这么大的疏忽，请您给我一个改正的机会。请相信，我一定会吸取教训，下次不会再犯了。"老板看到她诚恳地承认了错误，面色由愠怒转为平静，最终认同了亚慧的方案。

　　为了打消大客户对没有被邀请的疑虑，亚慧是这样对客户说的："由于跟您多年的生意往来，合作相当愉快，希望能进一步加强与您的交流，所以单独邀请您，以方便您订货。"听了亚慧的话，这个大客户不仅没有因为没被邀请而生气，还因为自己的特殊待遇感到非常高兴。

　　通过这一次专门的新品发布会，不仅弥补了没有邀请大客户的失误，而且这位大客户看到公司专门为自己准备了一个发布会，更加信赖和支持这家公司，双方建立了更加亲密的合作关系。老板因为亚慧勇于认错，并且想到了解决问题的方法，不但没有责怪她，反而更加信任她了。

拥有好口才的智慧型员工，会把错误当成学习的机会，把失误变成机遇，并能够通过自己的好口才将这一切有效传达给上级，得到上级的认可。被誉为"经营之神"的松下幸之助说："偶尔犯错误无可厚非，但从处理错误的做法中，我们可以看清楚一个人。"老板所欣赏的是那种能够正确认识自己的错误，并及时加以补救的员工。

除此之外，在某些场合下，会说话可能成为挽救自己工作失误的救命稻草。爱听恭维话是人的天性。在自己出现失误的时候适当地说一些恭维话是博得人心的好方法，只要说到点子上，就能深入人心，弥补自己的失误，甚至挽救自己的性命。

窃国大盗袁世凯觊觎着蓄谋已久的皇位，有一次竟在白天进入梦中。一位丫鬟正好端来参汤，准备供袁世凯醒后进补，谁知不慎将玉碗打翻在地。丫鬟自知大祸临头，吓得脸色苍白、浑身打战。因为这只玉碗是袁世凯在朝鲜王宫获得的"心头肉"，过去连皇帝也不愿用来孝敬，现在化为碎片，这是杀身之祸；罪是无论如何也逃不脱的了。正当那位丫鬟惶惶不安时，袁世凯醒了，他一看见玉碗被打得粉碎，气得脸色发紫，大吼道："今天我非要你的命不可！"

　　丫鬟连忙哭诉着："不是小人之过，有下情不敢上达。"

　　袁世凯骂道："快说快说，看你编的什么鬼话！"

　　丫鬟道："小人端参汤进来，看见床上躺的不是大总统。"

　　"混账东西！床上不是我，能是啥？"

　　丫鬟下跪道："我说，床上……床上……床上躺着的是一条五爪大金龙！"袁世凯一听，以为自己是真龙转世，要登上梦寐以求的皇帝宝座了，顿时一股喜流从心中涌起，怒气全消，情不自禁地拿出五十两黄金为丫鬟压惊。

　　丫鬟在生死存亡关头，通过一句恭维妙语，不仅免了杀身之祸，还得到了对方的奖赏。正是情急之下的巧说，迎合了窃国大盗袁世凯的"皇帝梦"心理，才使这丫鬟由祸转福，变危为安；倘若她没有投其所好的好口才，只是听天由命的话，恐怕就只有死路一条了。

　　总而言之，说话能力已经成为当今社会职场人士必备的一项能力。具备好口才的人，在工作中总能利用自己的语言能力与他人顺利地沟通，使工作顺利进行，即使在工作进行的过程中出现了问题，他们也能运用自己的好口才为自己争取到弥补失误的时间和机会，为自己获得更大的成功做好准备。

第二章

和同事说话，和谐融洽是关键

树立会说话的形象风范

职场中的是非纠纷每天都在发生，你可能是个非常有正义感的人，禁不住要挺身出去"匡扶正义"；或许你是个外向型的人，眼里看不惯，嘴里要讲出来；你可能是个"事不关己，高高挂起"、不管闲事的人……无论你是个怎样的人，你都要和同事们日复一日、年复一年地处在一起。因此，这就需要你掌握一些与同事说话的艺术，注意分寸，树立会说话的形象风范，使身边的同事不能小看你或者抓住你的某个话柄找你的碴儿。

1. 公私分明

不论你与同事的私人关系怎样，但若涉及公事，那你千万不可把你们的私交和公事混为一说，否则你会让自己处于一种十分尴尬的地步。

钱丽与公司另一部门的主管王华特别亲密。某天，王华突然过来找钱丽。

钱丽很奇怪，问："你来找我干什么？现在可是工作时间。"

王华说道："钱丽，我们部门现在有个计划，希望与某公司合作。而我公司熟人就你一个，所以想请你帮我。"

钱丽一愣，王华接着说："我知道，你和某公司的公关经理很亲密，你就做个中间人吧！帮我说几句话，这事儿要成了，我不会亏待你的。"

钱丽听到之后，觉得很为难，想直接拒绝，可又怕王华不高兴。答应吧，但又不想把公事和私交混在一起。

所以，她对王华说："我是认识该公司的公关经理，然而，她最近在休假。我怕等她回来，你们的计划就给耽搁了。"

王华一听就清楚了。

事实上，钱丽的朋友并没有去休假，她仅是不想把自己掺和进去。自己与王华不是一个部门的，插手其他部门的事，怕自己的上司不高兴。况且，这事儿要不成的话，反倒影响了自己和王华的友谊。

若你也遇到同事请求你伸出援助之手的情况时，你可以打趣地说："事实上这件事很简单，你一定可以应付的，被我的意见引导左右可能不好。"这番话是间接提醒对方：一个成功人必须独立、自信，而且这样也不会损害大家的友情。

2. 工作第一，友情第二

虽有人说"好朋友最好不要在工作上合作"，但机缘巧合，两人碰巧在同一个单位里工作绝不稀罕。

若某天，公司来了一位新同事，他不是别人，恰巧是你的好友，而且他将会成为你的搭档。上司把他交给你，你要做的第一件事就是介绍公司的架构、分工和其他制度。这时候，不宜跟他拍肩膀，以免招来闲话。

和好朋友搭档工作应该是一件好事，然而，在工作中，你们的友谊常常会面临各种各样的挑战。你与搭档的级别相同，但工作量却十分不同。人家可以"煲电话粥"，你却整日忙得不可开交。即使你心情不佳，也千万不要向搭档发脾气，因为你们日后并肩作战的机会还有很多，许多事还是唇齿相连的。

表面上，你的首要任务是做好自己的工作，对此位搭档要保持一贯的友善作风。

然而，最重要的做法是向上司表态。上司不一定是偏心，有可能是对每项工作所需时间不大了解而已，故你有必要跟他交流，让他知道每件工作所花的时间，在一个工作日里可以做些什么，你的工作又是如何。但要注意，你只能描述你的困难，不要埋怨搭档的相对清闲，对事不对人，才能让事情得到较好解决。

3. 永远不说同事的坏话

和同事相处，要懂得分寸。话太少不行，人家会认为你不合群、孤僻、不善交往；话多了也不行，容易让人讨厌，而且也容易让别人误解，认为你是个乌鸦嘴。所以，说话一定要讲分寸，该说的一定要说，还要说得具体；不该说的一句不说，要恰到好处，适时收住。

　　不管同事怎样惹怒你，抑或你们之间有什么矛盾，总之，"得饶人处且饶人"。 多一句不如少一句，凡事都能够谦让一点，以后你有什么不恰当的地方，同事也不会做得太过分，推你走向绝境。

　　"谁人背后无人说，谁人背后不说人。"即使这话说着有些绝对，却也说明了一个道理，那就是，大多数人都或多或少地在背后讨论过别人，只是所说的是好话还是坏话就不知道了。 不过有一点，常常在背后说别人坏话的人，一定不会是受欢迎的人。 因为但凡有点头脑的人，都会自然而然地这么想：这次你当着我的面说别人的坏话，下次你就有可能当着别人面讲我的坏话。 这样，你在别人的脑海中就不可能好到哪儿去。

说话有分寸，团队才和谐

职场中同事之间的关系有时也很复杂，因为处在同一个利益共同体中，而各自经历不同，各自脾气习性不同，彼此之间难免会有摩擦。为了团体的和谐与融洽，同事之间必须有人做出让步，必须有人委屈一下。

同事每天见面的时间最长，交谈内容可能还会论及工作以外的各种事情，但说话不当经常会给你带来不必要的麻烦，故与同事相处时，语言交流必须把握好分寸。以下是应当注意的若干事项。

1. 多听少说为佳

老话说：一言可以兴邦，一言可以乱邦。故老于世故的人，可以对人不开口的，就尽可能做到沉默是金。

而生活中，正人君子有之，奸佞小人亦有之；不仅有坦途，也有暗礁。在复杂的情况下，不注意说话的分寸，往往容易招惹是非、授人以柄，甚至祸从口出。因此，小心说话，谨慎为人，使自己处于进可攻、退可守的有利地位，紧紧地把握人生的主动权，无疑是有益的。 一个毫无城府、喋喋不休的人，会显得浅薄俗气、缺少涵养而惹人讨厌。 西方有句俗话说得好："上帝之所以给人一个嘴巴、两只耳朵，就是要人多听少说。"

中国也有个成语叫作"祸从口出"，为人处世必须把好口风，什么话能讲、什么话不能讲，什么话可信、什么话不可信，都要在脑子里多思考一下。 害人之心不可有，防人之心不可无。

2. 在上司面前评价同事要慎重

被上级问及对同事的意见时，必须慎重对待。 对此，要弄清对方的目的，观察上级的心意。

那么，怎么才可以摸清对方的意图呢？ 无论哪一种情况，都不妨先作思考状，再迅速观察对方的反应。 微微沉默一会儿之后，不如反问："不知您的看法如何？"试试他的反应。

上级一般会说："我个人的看法是……"把自己的意见说出来。 若和你所想的相同，就表示同感；若不同，就把自己认为不同的地方讲述出来。 论及别人的缺点，也应仅止于大家都认同的地方，若有上级没有在意的，点到为止即可。

3. 闲谈时莫论人非

人多的地方总有闲话。 有时，你可能不小心成为"放话"的人；有时，你也可能是别人"攻击"的目标。 这些背后闲聊，例如上司喜欢谁、谁最吃得开、谁又有绯闻等，就像噪音一样，影响人的工作情绪。聪明的你要明白，该说的就大胆地说，不该说的千万不要乱说。

宇宙之大，可聊的话题众多，何必一定要拿别人短处当作话题？你所知道的关于别人的事情不一定可信，也许另外还有许多是非不是你所能详知的。若贸然把你所听到的片面之言传播出去，就是颠倒是非、混淆黑白。说出去的话就收不回来，当事后了解全部真相时，你还能更正吗？

"王某借了李某的钱不肯还，这真是过分！"昨天你对一个朋友讲，这是你从李某那儿听来的而替他打抱不平的话。人总是认为自己是对的，若你明白了人类的这一缺点，就不会诋毁王某。一旦你有机会遇到王某，他也会告知你，他虽借了李某一笔钱，但已和李某讲明了，是因买房时首付款紧张，暂借李某 3 万元当作周转金，等两个月时间连本带息一并支付，并立有字据为证。然而刚到一个月时间，李某又因着急购买汽车，想拿回现款，但王某确实手头不宽裕，故实难支付。所以，说人赖账是明显不对的。由此看来，职场中同事之间的种种关系有时也会很复杂，你若不知内情，就不要随便乱说。

每个工作单位中总有这一种人，喜欢推波助澜，把其他同事的是非讲得有声有色，夸大其词，逢人便说。人世中不知有多少悲剧由此而生。你虽然不是这种人，但偶然讨论别人的短处，也许无意中就为自己种下了恶果。但这恶果后来的发展，对同事间关系的破坏程度是你所料想不到的。

4. 不要炫耀自己

有些职场人士动则提及自己或家人的辉煌业绩和显赫地位，向同事们炫耀。 事实上，这将伤害同事的自尊心，引起大家的不快，导致对你的厌恶和反感。

> "我在北大当学生会主席的时期……"
> "我有在××部委的哥哥……"

时间长了，同事也会觉得你"高人一等""异于常人"，于是，就会把你抛弃在他们这些"常人"的圈子之外，冷淡你，隔离你。

巧用幽默语言，和同事分享快乐

幽默的话语可使同事之间感觉轻松快乐，在工作中消除因工作带来的紧张，驱逐挫折感，并且顺利地解决问题。

罗氏一家人都从事危险的行业：用炸药毁坏建筑物。当然，我们可以明白，他们做这一行工作的心理压力很大。但是，罗氏一家人却能用幽默的力量来消除紧张——和当地记者聊天，说些荒诞的故事。某次，就在大爆破工作之前，新闻记者问罗道格怎么处理飞沙和残砾，他一本正经地回答道："我们在三明治包装袋的公司订制了一个特大的塑胶袋，然后让直升机在大楼上空把它扔下来。"

人们因为这虚构的笑话笑弯了腰。同样，第二天罗氏兄弟从报上读到这一条新闻时，也爆发出阵阵笑声，紧张的心情也得到了放松。

荒唐的故事也能因其趣味而加大个人工作的价值感，下面两位保险工作业务员的争吵就可以说明这一点。

第一位说，他的保险公司十次有九次是在意外发生当天，保险人就拿到了支票。

"那算什么！"第二位逗笑说，"我们公司在大厦的23层，这栋大厦有40层高。有一天，我们的一个投保人从顶楼跳下来，当他路过第23层时，我们就把支票给他了。"

事实上，我们每个人都可以通过幽默、调侃来更轻松更坦率地处事。下面就是一些可以常用的幽默：

当你的老板开他自己的玩笑并与你一起乐，而你也同样回复他时，你们都有所获得。也许他这样说："别把我当你的老板看待，只当我是一个永远的朋友。"你可能回答说："其实我是把你当成了拼图游戏——当你想拼成完整的图时，就得从碎片里找。"

你可以对送信来的邮差先生说："我想今年的春天来晚了一点。你们的邮政服务为何不能早点把它送来？"

邮差也许会对你说："抱歉，我们明年会连你的年龄都早早帮你寄送到家。"

你对医生说："我知道你是个十分成功的医生——没病的人，你也有办法告诉他有什么毛病。"

医生对你说："对，我的成功正来源于此。除非你不来光顾，只要你敢来，我就敢说你有毛病。"

公交车上，一位女乘客不停地烦扰司机，每行一段，她都给司机讲一次自己要在哪里下车。司机一直很有耐性地听，直到后来她大喊："我该如何知道我要下车的地方到了没有？"司机说："你要是看我脸上笑开了，就明白下车的地方到了。"

有一位电影明星向著名导演希区柯克抱怨摄影机的角度问题。她不断地告知他，务必从自己"最好的一边"来拍摄。"对不起，做不到，"希区柯克说，"我们不能拍你最好的一边，因为你正把它压在椅子上。"

若你需要幽默口才来改变同事们的工作态度，那么，你要以相似的妙语来表明自己的观点。

避免无谓的闲聊，以免损害形象

工作中的闲聊不但误事，并且也会给同事留下你无所事事的印象，尤其是领导看到你与别人闲聊，则更会损害你给他的印象。 那么，如果想避免同事中无意义的闲聊，该怎么做呢?

1. 避免在繁忙中打扰

当你正在匆忙工作或细心设计某个东西时，这时就不希望被他人打扰，特别是闲聊，如电视片、球赛、精彩的小说抑或衣服穿着、饮食点心等，都可能引出很多的话题。 若同事主动与你讨论，你的回答最好简明扼要，不可以寒暄，以便尽快结束谈话。

2. 站起来打招呼

当你正忙着的时候，有同事来找你，你可以快速地站起来和他打招呼，一来尊重别人，二是因为你保持站立姿态，或者手中拿着笔、尺什么的，相当于告诉别人"我正忙着呢"，懂事的人能领会你的意思，谈完即走。 若对方仍没意识这一点，你就不妨直言相告："嗯，我想，我们下次再特意抽时间谈吧。"这样做，依然不失礼貌。

3. 避免外貌、动作上引人注目

举个例子，不要看着窗外想问题，这样容易使人误以为你在走神，思想开小差，正好招惹人闲聊。 不要用手拍打桌面或哼着什么小曲，这样也可能引起别人对你的注意。 明知有人想与你闲聊，尤其是啰嗦出名的人走近了，你可以不抬头，只顾做你本来正在干的事，表示你正忙得很，同时也不引人注目。

4. 事先声明提示

许多学者、专家为节约时间，避免来访者过多的谈话，都提前在工作地位贴张便条，上面写明"谈论请调控在 10 分钟内"，让明眼人一看便知，起到此时无声胜有声的作用。 工作中，若你认为这样做有点奇怪，也可以提前与周围的同事说明，请他们帮个忙。 例如，当大家谈话过长了些，可善意提示："你的事忙完了吗？"这相当于委婉提示同事应尽快结束闲聊。 如果对关系不错的同事，则完全能够说实话，直言相告："哎呀，真对不起了，我有些事要做呢，我们下次再谈，好吗？"若有的同事实在闲得很，东扯西拉，那么，你可以插话，以打断他的话头，说明情况。

理智对待同事的冷言冷语

在职场上，难免会听到许多伤人的冷言冷语。此类尖酸刻薄的话，常使人感到难堪和不开心。一般来说，说这类话的同事的心境，或嫉妒，或蔑视，但目的都是要让你难以忍受，刺伤你的自尊，打击你。例如：

"你自己做完了这个工作？不会吧？想不到你居然可以独立完成这个工作。"

"你真是笨得很，告诉你这份文件要这样写的，你脑子里放的是什么？"

若你听到这样的冷言冷语后感到十分生气，并且激烈地反唇相讥，那就正中了对方的圈套，他正好对你更加中伤诽谤，双方不免一番唇枪舌剑，最终两败俱伤。

事实上，听到冷言冷语就很生气、失去理智是非常不明智的。这样不仅会让自己动了肝火，遂了对方的意，还不能解决问题，反倒伤了彼此间的和气。

要消除冷言冷语带来的伤害，有许多很好的方式，而且大可不必唇枪舌剑、干戈相向。 因为对你冷言冷语的人常常是有某种目的的，你不如先分析他话中的用意，找出言外之意，再针对重点做出反击。

或者，你可以装作不解地问对方："你这样说是什么意思？ 我不大懂。"或者装傻说："你这个玩笑真有意思。"总而言之，你要忍耐，不要当面翻脸。

同事与你抢功，你该怎么说

职场如战场，当你花费心思提出一个好方案，拉到一个大客户，抑或你兢兢业业地工作为公司发展做出了极大的贡献时，同事想把这一切归功于自己，这时你该怎么办？ 是据理力争，还是自认倒霉？ 或许，下面的两种表达方法对你会有所帮助。

1. 文字胜于言语

在有些情形下，面对面地聊天极有可能导致一场唇枪舌剑，若是以书信的方式进行沟通，效果可能会好些。 当然，写信的主要目的是要委婉地提示一下对方，当初是自己郑重提出的想法，才使事情成功，令人欣喜。 在信中适当的地方，你可以写上有关的日期、标题，可以引用任何现存的书面证据，这可以让你有机会再一次含蓄地强调一下你的真正意思：这主意是我想出来的。

2. 先夸对方，然后说明真相

当你打算与同事表明自己的意图时，你可以选择在只有两个人的时候，首先对抢你功劳的同事的能力和见解大加赞扬一番，这种方法对职业女性来说非常重要。很多研究者发现，女同事大多喜爱从"我们"的角度而并非"我"的角度来做事，故她们的想法和首创就常常会被男性同事使用。在表明功劳是自己的时候，你可以这样说："虽然最终我们把这个方案设计得天衣无缝，但那天我回去以后又细致思考了一下，认为有些地方需要进一步改进。现在，这个方案才确实是完美无缺的！"

或许，你的同事也非心存歹意，他也是在努力做好本分的工作，只不过无意中占了你的劳动果实，若是这样的话，你只需要轻描淡写地把你的构思过程讲解一遍，他便会有所领悟。值得一提的是，你的赞扬千万不要变成对他的讽刺，否则，将适得其反。

当同事有缺点时，这样说才不尴尬

同事之间相处，难免有矛盾和不痛快的事发生。当你对一些同事差错的表现不吐不快时，特别需要注意沟通的方法和语言技巧。

金焱在职场上已打拼多年，也遇到过各种各样的人和事，本来应该算是一个"交际能手"，但不知为何，她总是很轻易得罪人。因为她心里总放不住事儿，有什么就说什么，从来不会隐藏自己的观点。

有的同事把茶水倒在纸盒里，弄得一地是水，她会告诉他不可以这样做；有的人在办公室里抽烟，她会让他出去抽；有的人喜欢没完没了地打电话，她就告诉他不要轻易浪费公司的资源……她这样做是好心，因为这些行为若让经理发现了，不是一顿臭骂，就是被扣奖金。

然而，好心没好报，她这样做的结果是把同事们都给得罪了。每个人都对她有很多意见，甚至大伙儿一起去郊游也故意不叫上她。一次，她觉得不公平，就向经理反映，没想到经理也不支持她，并没有批评有错误的人，反而弄得她在公司里更加被动。她十分想不通，自己明明是实话实说，为什么结果却是如此？难道做人就一定要做假吗？

金焱的这种情形，事实上很普遍，也是能理解的。 人们的日常生活离不开与人打交道，若跟同事关系不好，又要天天见面，的确叫人难受。

从上述事例来看，关于同事的一些缺点，实话实说本身并没有错，心胸宽广、为人正直这是许多人都赞扬的美德。但问题是，实话实说也要分时间、地点、对象以及个人的接受能力。

若说话过于直率，措辞过于生硬或激烈，只会产生不良效果，不但达不到善意的初衷，并且有时会走向极端，带给自己麻烦。

所以，在指出同事缺点的同时，也应反思自己说话是否得体。 若是因为没有讲究方式方法，致使与同事关系紧张，就要考虑自我调整，改变过于坦率的说话方式。

第三章

与领导沟通，重点在得体

与上司交流，贵在恰到好处

大多数人对于上司都是十分尊重的，所以，在对上司讲话时，都是很讲礼貌的。但在上司面前说出的话是否得体，是否把握了分寸，是否恰到好处，就不是每个人都能随便做得到的了。

那么，如何才可以得体地与上司进行语言沟通呢？主要应注意以下几点。

1. 不媚不俗，不卑不亢

与上司相处时，首先要做到有礼貌、谦卑，然而，绝不要低三下四。因为绝大多数有见识的上司，对那种没有主见的人，是不会予以重视的。因此，在保持独立人格的前提下，你应拥有不卑不亢的态度。在必要的场合，你也不用害怕表达自己的不同观点，只要你是从工作出发，摆事实、讲道理，上司通常是会予以关注的。

2. 主动和上司打招呼、交谈

作为下属，应积极主动地与上司交谈，这样能逐渐消解隔阂，并使得自己与上级相处得正常、融洽。当然，这与巴结上司不可以相提并论，因为工作上的谈论及打招呼是不可避免的，这不但能减少对上司的恐惧感，而且能使自己的人际关系圆满、工作顺利。

3. 尽量适应上司的语言习惯

应该了解上司的性格、爱好、语言习惯，如有些人性格爽直、干脆，有的人沉默少言。有的上司有一种统治欲和控制欲，会报复一切威胁其地位的人；还有的上司是有怪癖和变态心理的人，如果是想在公司获得长足发展，你必须忍受这一点。

4. 选择适当的时机与上司交谈

上司一天到晚要关注的问题很多，你应当根据自己的问题重要与否，选取适当时机与上司对话。假若你是为个人琐事，就不应该在他正埋头处理事务时去打搅他。如果你不知上司何时有空，不如先给他写张纸条，写上问题的关键，然后请求与他谈谈，或写上你要求面谈的时间、地点，请他先约定，如此，上司便可以安排时间了。

5. 对交谈内容事先做好充分准备

在谈话时，尽量把自己要说的话，简明、扼要地向上司陈述。如果有些问题是需要请示的，自己心中应有两个以上的方案，并且能向上级分析各方案的优缺点，这样便于上司做决断。 所以，应当提前做好准备，弄懂每个细节，随时可以应对。 如果上司同意某一方案，你应尽快将其整理成文字再交上，避免日后上司又改了主意，造成不必要的麻烦。

另外，要先替上司考虑提出问题的可行性。 有些人明明了解因为客观条件限制，总方案不能实施，却一定要去找上司，结果不欢而散。 这是非常不可取的。

这样汇报工作，上司最满意

向上司汇报工作，绝不能像平时谈话那样，没有中心和条理，而应根据所要汇报的内容和领导的时间安排，不但简洁扼要，而且中心突出地把要报告的内容有条有理地说出来，这样才便于领导领会你的意思并给予你明确的答案。

1. 突出中心问题

泛泛而谈、杂乱无章的报告显得很肤浅。一般情况下，汇报者可把自身较为熟悉的中心工作情况作为汇报中心，抓住工作过程与典型事例，并进行分析、归纳，如此汇报才能充分反映你工作的质量。

某建材公司的冯涛从一个用户那里考察归来后，敲响了经理办公室的门。

"情况怎样？"经理上来就朝冯涛问道。

冯涛坐定后，并不急着回答经理的问话，而是表现得有些心事重重的样子。因为他非常了解经理的脾气，若直接汇报不利的情况，经理肯定会不高兴，搞不好还会认为自己没尽力去办。

经理看到冯涛的表情，已经猜出了肯定是对公司不利的情况，便改用了另一种方式问道："情况差到什么程度？有没有补救的可能？"

"有！"这回冯涛回答得倒是十分利落。

"那谈谈你的想法吧！"

冯涛这才向总经理汇报考察结果："我这次下去了解到，这个客户之所以不用我们厂的产品，主要是因为他们已经同意从另一个乡镇的建材厂进货。"

"竟有这样的事！那你怎么想呢？"

"我是这样想的，我们公司的产品一般比乡镇企业的产品有优势，我们的产品不仅质量好并且价格还很合理，在该省已经拥有了一定的知名度。"

"就是，一个小小的乡镇企业如何能跟我们相比呢？"经理打断了冯涛的汇报。

"所以说，我们一定能变不利为有利。最关键的是，当地的建筑公司使用我们公司的建材很多年了，与我们有很好的合作基础，这是我们的优势。但该客户向那个乡镇企业订货，主要是因为那家乡镇企业离他们相对较近，并且可以送货上门。这一点，我们不如那家乡镇企业。但我觉得我们可以直接到每个乡镇去探访，在每个乡镇寻求一个代理商，这样问题就解决了。"

"小冯，你想得真周到，不仅发现了症结所在，并且想出了解决的办法，要是公司里的员工都像你这样有责任心就好了。"

"经理过奖了，为公司分忧是我的职责。经理您工作繁忙，我就不打搅您了。"

不久，冯涛被调到了销售科专门从事产品营销，公司销售业绩逐步增高，冯涛也越来越受到重视，不久便成了公司的业务骨干。

2. 不要遗漏重点

汇报工作要关注一定的逻辑层次，切不可"眉毛胡子一把抓"，讲到哪儿算哪儿。一般情况下，汇报要抓住一条线，即绕着工作的整体思想和重点工作展开，分头叙述相关工作的措施、关键环节、遇到的问题、处理结果、收到的成果等内容。

汇报的基本原则是提纲挈领。英国作家卡普林提出了"5W+H"的汇报关键点，是指：

Who……何人（人）

When……何时（时间、时期）

Where……何地（场所、位置）

What……何事（对象、理由）

Why……何因（目的、理由）

How……怎样发生的（方法、顺序）

另外，报告时一定要留意区别事实与自己的感受。你在工作时，上级并没有亲临其境，他无法辨明你讲述的是事实还是你自己的主观感受。事实和观感是有差异的，若给上级错误的诱导，让他下达了错误的指示，那报告者应承担此责任。

恰当赞美，让沟通更顺畅

工作中该怎样赞扬上司呢？

下面是赞美上司的三大原则，可供参考。

1. 赞美就要理直气壮

不论是否会被认为是奉承、耍小手段，假如说起赞美话来小心翼翼，则一点效用都没有。既然想赞扬上司，就要满怀自信，大胆地讲出来。

2. 对工作外的事进行赞美

工作能力本身就是上司居上，由下属诉说成败是反客为主、大为失礼的表现。倒不如对上司的兴趣、爱好、交友的广泛等努力夸奖，大加赞美。

3. 维护上司的尊严比赞美更重要

这里有必要多提醒大家几点。即便冒着被指责为拍马屁的风险，也都必须注意一定要维护上司的尊严。

维护上司的尊严是与上司相处时应特别注意的地方，若不明白这一点，轻者会受到批评或责怪，重者会被暗中压制、不受重用。

　　某化工厂的工程师尹展平自认为才高、对厂子贡献大，和厂长在一起时经常言谈随便，行为放肆，使厂长十分生气。

　　有一次客户来访，碰巧他正在和厂长一起商谈事情。当时，他立刻抢到上司前面与来人握手、寒暄并且不主动倒茶、让座。交谈时，本该说话的是厂长，他却完全忽略了厂长，把话全替他说了。

　　招呼客户吃饭就座时，他也不思考位置，一屁股坐在了厂长本应该坐的椅子上，使得厂长当起了配角，因此厂长心里很恼怒。

　　送走客户后，厂长狠狠地把他斥骂了一顿，说他目无上司，不明白自己是干什么的。以后，只要有接待上的事，厂长再也不会叫他一起了。厂长原本要提拔他，但从此以后，这个想法也就打消了。

几乎所有的上司都看重下属对他的态度，并时常把它看作衡量下属对自己是否尊重的标志。使他的尊严不受损害，身为下属，应在以下方面多加注意：

　　（1）上司说话出现差错时，不要立即指出并予以纠正。否则，上司会觉得有失脸面，损失威信。

（2）上司的位置不能冒犯。在公开场合，应把他放在重要位置，不能随意颠倒，乱了秩序。

（3）不要在别人面前表现得与上司过分随便和亲近。

（4）上司理亏或处事不当时，要给他个台阶下，不要使他难堪。

（5）即便不在单位或非工作场合，也要在意他的面子，不能把他放在同等的地位。

（6）对上司的爱好或忌讳显示充分的尊重。

（7）收起锋芒，不要使上司认为自己不如你。

大多数上司都喜爱在下属面前表现自己的多才多艺，这样，即便你在不少地方超过上司，也应有所收敛。

（8）不可以在背后发泄自己的不爽快，对上司说三道四。

对上司有不认同的地方，当面不能提，也不要在背后嘀咕。一定要明白"纸包不住火"，不知道什么时候你的话就会传进上司耳朵里，这样的后果会很不妙。

表达不同观点的艺术

一般来说，下属不应与上司争辩。但为了公司的利益，也为了让上司和自己能更好地工作，有时在与领导的意见不同时，则有必要把自己的观点表达出来。但是，如果与你的上司进行争辩，要想让上司赞同自己的想法，则有必要掌握以下的原则和沟通方法。

1. 心平气和

心理专家史密斯是特地教人如何去争取晋级资本的，他如此说："如果你气势汹汹，只会使你的上司也大发雷霆，所以，首先要做到心态平和。"

另外，不要一次发泄所有不满。3M 文具公司董事长韦斯利说："若一个雇员看上去对公司的一切都消极不满，那上司就会认为，要叫他满意是十分困难的，甚至认为，他也许该另找乐园。"

2. 看准时机

在向上司提出不同意见之前，可以先向他的秘书打听一下他的心情怎样。如果他心情不佳，就不该再提要求。

如：上司公务繁忙时，不要找他；午饭时间已到，他却依旧在忙碌之中时，不要找他；休假前夕或度假刚返回时，不要找他。

3. 设身处地

"要想成功地与上司交谈，理解他的工作目标和其中的苦衷是极为重要的。"赖无顿顾问说，"假如你能把自己看作上司的伙伴，设身处地替他想一想，那么，他也会自然而然地思考你的观点。"

商学教授罗伯特曾引用过某电影公司一位程序设计员和他上司进行争吵的故事。那时，为了一个软件的价值问题，双方争论得僵持不下。罗伯特说："我建议他们交换一下角色，以对方的立场再进行争辩。五分钟之后，他们就明白了自己可笑的行为，两个人都不禁大笑起来。接着，他们很快找出了解决的办法。"

4. 说清问题

有些激烈争吵的发生，是因为上司和下属双方都不了解对方心里在想些什么。演讲顾问威德说："有时，问题一旦讲清楚，争执也就自然没有了。因此，雇员一定要把自己的观点讲得简单明了，以便上司能够理解。"

克莱尔在纽约市财政局局长手下办事多年，两人就很少争执。但是，当她认为重要的事情遭到局长否定时，她就把自己的观点写在纸条上，请上司思考。她说："这种行为，有助于说明问题，并且也很有效。"

5. 提出建议

纽约大学医学中心的精神病学副教授诺曼说："你的上司要关注的事情已经很多了，所以，若你不能想出行之有效的解决办法，至少你也得提出处理问题的提议。"

指出上司过错的四大技巧

当你发现上司有错误时，你该怎么做？ 上司也是人，不是神，自然也会有说错话、做错事、下达错误命令的时候。当我们面对上司的过错时，到底是该说还是不该说，这并没有一个一定的应对模式。 这要看上司的脾气秉性、所处的场合、错误可能造成的结果，还要考虑你在公司里的地位及与上司的关系等诸多方面的因素。 一般来说，指出上司的过错主要有以下方法：

1. 设计好指出策略

如果上司真的有过错，那么，你应该有"慎说"上司不是的策略，以防有任何闪失，影响自己的工作或未来职业生涯的发展。

最重要的是，请务必确定这是上司犯的错误。 而且请不要在告知上司他犯错误时还带着证据，让上司觉得你要摊牌。 此外，假如是令整个团队都不满的错误，不建议以团体的方式沟通，因为这更容易让上司产生你们一起来摊牌的坏感觉。

一旦确定是上司的过错时，就应该开始寻求个好的时机并且察言观色，找个适当的场合，再设计好的开头，告诉上司他的错误所在。

2. 不要在众人面前指出

假如上司犯错了，不要在众人面前指出。毕竟上司就是上司，得维护其尊严与面子。古今中外都是这样，即使一件公事的处理，恰巧是上司的错，那他在一定程度上也得被尊重，下属不可以摇晃着谁错谁就得受到指责的旗帜，而不为上司留些情面，更不能事后与同事讨论上司的错误，用嘲弄的口吻让流言到处传播，用贬损上司的话来证明自己的明智与正确。如果必须让上司明白他的过错，你应该在适当的场合、适当的时间私下里找上司聊一聊，说出自己的意见和看法。

3. 不必据理力争

假如上司说错了话，无论在什么情况下，这些错话并不影响你的利益和你所负责的工作，你就不必据理力争，可以选取"装聋作哑"的办法，也就是装作没听见或没听明白。这是一种"揣着明白装糊涂"的方法，它能够让你避免一些是非，也可避免让上司陷入尴尬和困窘。和上司之间的矛盾有时是在所难免的，不要在冲突发生之后一走了之，因为在工作场合里仍会出现老问题，到那时你又该怎么办呢？也别为争一口气而大闹一场，因为吵闹不能解决问题，反而有可能断送了前程，所以，还是实际些吧！

4. 先服从并去执行

事实上，上司说错了话还不算严重，最难办的是上司做出了错误选择，而且还不听下级的忠言，一意孤行。在这时，我们应该先相信上司，他既然能当你的上司，一定有比你强的方面。上司所拥有的不仅是资产，而且还有他在职场上的经验。可以这么说，绝大多数上司都是行业的前辈，以他们的阅历和知识，上司犯错误的概率一般较下属低。有时看上去是上司错了，可最后证明上司对了的事情并不少见。上司和你站的位置不同，思考问题的方法不同，因此，和你的想法自然会存在差异。

假如你必须执行你认为是错误的命令，那你唯一可以做的是：服从你的上司，仔细去执行。在执行的过程中，要积极主动地上报你工作的进展和工作中出现的问题，凭着你持续报告的工作进度，上司可不傻，是停止还是继续他会明白的。即便最后证明上司错了，你也不要难过，毕竟你已经尽了心力。

第四章

与下属交流，展示你的亲和力

态度温和，平等沟通

　　有一家知名化妆品公司名叫玛丽·凯。为了扩大本公司产品的影响，玛丽·凯女士自己用的化妆品都是公司所生产的，并且她也希望公司职员使用本公司的化妆品，这就像她不能理解凯迪拉克轿车的推销员开着福特轿车四处推销、人寿保险公司的经理自己不买保险一样。可是，她该如何来同职员交流，告知他们这一想法呢？

　　有一天，她发现一位经理正在使用另外一家公司生产的化妆品。于是，她借机走到那位经理桌旁，用轻松的口气说道："老天爷，你在干吗？你不会是在公司里使用别的公司的产品吧？"由于她神情放松，脸上洋溢着微笑，那位经理不由得有些脸红了。几天后，玛丽·凯就送给那位经理一套公司的口红和眼影，并真诚地对她说："如果你在使用过程中觉得有任何不适，欢迎你及时地告诉我，先谢谢你了。"从那次以后，慢慢地，公司无论是新员工还是老员工，都有了一整套本公司生产的并适合自己的化妆品和护肤品。玛丽·凯女士还亲自做了详细的示范来教给她们正确的使用方法。同时，她还告诉员工，以后员工在购买公司的化妆品时可享受打折优惠。

玛丽·凯自然温和的处事方式，使她自然地与员工打成一片，成功地灌输了她正确的经营理念。

亲和力是与人说话时的一种合适的态度，这种方式的优点是易于消除人与人之间的隔膜，从而使自己的思想得以有效传播。

向下属提问的语言技巧

向下属提问也有极强的技巧性：一是要使下属愿意提供信息，二是要使下属知道管理人员需要什么信息。

具体而言，要做到以下几条。

1. 简明易懂

提问必须简明，措辞要通俗易懂，少用双关语或其他容易引起歧义的语言。

2. 避免过多的解释

有些人为了使下属听得明白而解释过多，但这样做会使对方因为受到轻视而感到不满，产生抵触情绪。

3. 避免对结果有暗示性的提问

不要将自己的倾向在答案中透出。"你不认为这项新制度很好吗？"就是一个典型的暗示性问题。此时，下属可能慑于上司的威严、碍于情面而迎合他，这样的回答往往不是出自内心或并不反映实际情况。所以，上司也应当避免用说话的语气与语调、表情、动作等对所预期的答复进行暗示。

下面是公司实施新人事制度后，经理与职工乔治的一段对话：

> 经理：乔治，你不认为新人事制度较原来是一大改进吗？
>
> 乔治：是的，的确如此。
>
> 经理：职工们对这一制度都还满意吧？
>
> 乔治：满意，都很满意。
>
> 经理：那么，在激励职工劳动的积极性方面，新人事制度是否收效良好呢？
>
> 乔治：收效很好，大家工作的积极性都有了很大提高。

这次交谈可以说是毫无意义的，只是加深了经理的乐观的主见，因为他对三个问题的结果都做了暗示。他若是换一种问法："你认为新的人事制度怎样？""员工的反应如何？""对员工劳动的积极性有无影响？"如此，乔治才可能放下心理包袱，说出真实想法。

4. 一次提问最好只突出主要问题

若包含的问题过多，会使下属产生心理压力，使他们无法回答周全，因此，可以让他们拣自己熟悉的说。

5.掌握交谈的进度

要想有效掌控交谈进程，可以运用转换、引进话题等方式来实现，并且可以根据时间和情绪的变化，使交谈自然融洽地开始与结束。

6.试探性提问

当管理者提问后，若下属出现不适当反应时，应使用试探性问题。 不适当反应是下属对管理人员的提问做出的不符合管理人员期望的、无助于实现交谈目标的反应，通常是指说话内容冗长、偏离主题、模糊不清、过于偏激，回避问题的谈话，情绪反常失控，等等。

请看下面一段经理和下属亨利的谈话：

经理：从总体上来说，你现在工作感觉如何？还愿意调到其他部门工作吗？

亨利：嗯，是的……也不好说，现在的工作待遇不错，而且，嗯……这儿的同事也很好，可是有的时候，你知道，这些工作很单调也很无聊，而且，我想，我觉得……你知道，我在这儿升得没有我预想中的那么快。

经理：那么，你是觉得调也好，不调也好。也就是说，还没有确定好喽？

亨利：是啊！我是真的还没有确定下来，这是一个难题，我想，如果每个因素都考虑到的话，我倒真想换个工作试试，尤其是有机会晋升的工作。

在经理第一次提问后，亨利说了一大段模糊且没有最终答案的话，这样的对话是毫无意义的。 于是，经理在第二次提问中运用了两种技巧：一是他对亨利的谈话进行了一定的总结，并鼓励他继续说下去；二是他用了一个试探性问题"还没确定好喽"，最终给亨利一个重新考虑的机会，通过引导、试探，终于使他说出了真心话。

好的试探性问题应当是不带有个人想法的、保持"中立"的，是为了在尽可能的情况下给下属的回答一个较大的、开放的空间，使交谈进一步深入。

如何向下属表达自己的观点

作为上司，若想要让自己的主张深入人心，则应知道如何艺术地表达自己的观点。如果不讲艺术，而是依仗权力把自己的观点强加于人，那样的话下属则无法心服口服。从职场语言艺术的角度来说，明智的做法有以下两点。

1.巧妙地让下属承认自己的观点

上司应首先提出建议，说给下属们听，再听听他们的想法，充分地讲究一下民主，调动他们的积极性，再将他们的提议与自己的相比较。那样，他们就会承认上司的办法是最好的、最有效的。同时，上司与下属们的沟通也就成功了，既满足了下属们的主人翁感，又增强了他们对上司的支持与敬佩。

西奥多·罗斯福担任纽约州长的时候，就表现得犹如一个出色的外交家。因为每当他想任命某一个人担任什么重要职务的时候，他总是将一些政治活动家邀请来，然后大家一同商讨，最后通过使大家同意来让自己的想法实现。

有一次，罗斯福要选州长助理来帮助他处理工作。他其实已相中蒙特斯，认为其是最佳人选，但为了不让人说自己毫无民主，他决定先让大家推荐几个他们认为最合适的人选。

第一个人选推举出来了，罗斯福说："此人舆论通不过，任何一个舆论通不过的人在政治上都是不适宜的。"

接着，他们又提出另一个人选，但对这个人既说不出他特别的长处，也找不到明显的不足。罗斯福说："这种人不会受到舆论界的欢迎，请你们另举贤能。"

于是，轮到第三个候选人了，尽管他不错，但仍有不足之处。最后，罗斯福向他们表示感谢，并请他们再考虑一下。于是，他们就提出让罗斯福推荐一个人选。

最后，罗斯福提出了蒙特斯是一个适合的候选人，大家听后猛地想起，原来还有一个这么合适的人选，不由得纷纷表示赞成。

最后，不出罗斯福所料，蒙特斯顺利地当上了助理。在工作时，他也得到了那些政治活动家的帮助。同时，这些议员也都支持罗斯福的工作，共同为纽约州服务，因而罗斯福的事业也更加顺畅了。

罗斯福不但与那些政治活动家保持了良好的关系，而且成功地进行了不合乎他们心意的改革，但仍让他们心服口服，支持自己的工作。所以说，他的口才艺术可称为学习的榜样。

2.间接地让下属承担某项工作

若直接对下属说一些事，或许会遭到拒绝，会让下属对上司产生不满的感觉。因此不妨先试试让他一点一点地做，在他逐渐适应的过程中，向其吐露自己的真实想法。到那时，自然就水到渠成了，下属接受起来也会更为顺利。

要明白，想让对方一下子就答应自己的要求是很困难的。俗话说得好："心急吃不了热豆腐。"对下属也是一样，有些事情也要采取"软着陆"的办法，就像我们爬山一样，有时虽然绕些弯路，道路却更加通畅。

美国《纽约日报》总编辑雷特身边缺少一位精明干练的助理，他希望约翰·海能够留在身边帮助他。因为他是最适合不过的了，雷特认为，他一定能帮助自己成为这家大报社的成功的出版家。

但是，当时约翰刚从西班牙首都马德里外交官职上卸任，正准备回到久别的家乡当一名律师。

雷特想要留下约翰，可又该怎样才能让他心甘情愿地留下来工作呢？雷特苦思冥想，终于想出了一条妙计。

首先，雷特请约翰到联盟俱乐部吃饭。饭后，他邀请约翰到报社去玩玩。这时，他从许多电讯中间找到了一条重要消息。

那是一条很具挑战性的国外信息，于是，他对约翰说："请坐下来，为明天的报纸写一段关于这则消息的社论吧。"由于无法拒绝，约翰就动笔写了起来。

那篇社论写得很棒，约翰受到了普遍赞赏。

于是，雷特请他再帮忙顶缺一星期、一个月，后来干脆让约翰担任起这个职务来。约翰就这样在不经意间放弃了回家乡做律师的计划，转而从事新闻这一职业。

雷特间接地让约翰留下来成为自己的助手，慢慢地使约翰喜欢上了这份新闻记者的工作，从而达到了自己的目的，使他不断助自己成功。

"为了更好地一跃而后退"是一句名言。巧妙而间接地让下属为自己所用，是上司与下属交往时应具有的一项能力，上司也只有如此，才能将人才把握住，让自己的事业有进一步的发展。

委婉发布坏消息，减轻打击力度

上司有时不得不说一些难听的话，但关键是要委婉一些，尽量减轻对下属的打击。比方说告诉下属被降职了，解雇了；下属很辛苦做好的计划书，却被上司否决了；等等。此时，也可采用下列方法变通，使下属坦诚接纳。

1. 变更计划时

如果要改变已经决定的计划，该如何向下属说明？万万不能对下属说："不关我的事，都是经理一人说了算，我无能为力！"

虽然这样能将责任推给上一级，自己暂时没有问题了，但下属会对经理产生怨气。或者，一旦下属明白上司是在推卸责任，肯定会对上司产生极大的反感，上一级的威信也会受到损害。

上司不可以为达到防止下属反对的目的，而用高压手段制止下属开口，这样做会引起下属的不满。正确的态度应该是动之以情、晓之以理，使下属真正地心服口服。

2. 提案被耽误时

有时，上司收到下属的提案时满口答应"看一看"，但因为忙碌，最终还是没有看。可下属又很想得到一个答复，如果下属主动问上司："那个提案，您过目了吗？"

假如出现这种事情，上司应该直率地说："我现在很忙，实在没有时间细看。不过一周之内一定会给你一个满意的答复！"

假如提案应该上交高一级领导，而上一级的态度又不明确，以至于没有确定的结论时，最好能说明原因，表示自己已经递交给了上级，但迟迟不见回音。若无奈催促上一级时，所得答复却是否定的，这时更要详细说明，一定不可以草草了事。

3. 解雇降级通知时

上司最不愿宣布的消息，就是告诉下属他从明天起就将失去自己的工作。实际情况是，解除雇佣关系不管是对员工还是对老板来说都会带来一种精神上的不安。许多管理人员都承认，他们总想延缓这种冲突和矛盾，希望出现奇迹，或者情况有所改变，或者希望雇员能够自己辞职。

必须辞退某个下属的确会加重上司的负担，但在现代公司管理中，有时经理不得不这样去做，因为公司不得不考虑到它的费用及每个员工对公司的价值。在经理对某位下属讲"我们必须让你走"时，常常有犯错的感觉，因为觉得此下属落到这一步，自己也有责任。有时甚至认为这位下属的失败也是自己的失败，也许还会说"首先我不应该雇用他"或"如果我在培训他时做得很好的话，我应该看到出了什么问题，再帮他解决问题"。

总之，不管多么不情愿解雇下属，但绝大多数管理人员都必须正视这一难题。所以，必须学会如何对被解雇员工谈话，这是一个很重要的方法。

一个老板讲到他有一个讲话很有策略的朋友在解雇员工时是这样做的。他把那个员工叫了进去，对员工说："年轻人，要是没有你，我不知道我们以后会怎么样。可是，从下星期一起，我们却不得不这么尝试了。"

某些情况下，如公司人事调动、下属被降职，或是调到分店，或是被打入"冷宫"，或委派他去干一些鸡毛蒜皮的小事等，总之，就是不再受到重视了，上司这时有责任通知他，并且要耐心安抚，尽最大努力让他开心地到新岗位就职。

批评还须因人而异

对于领导来说，有两种下属最容易接受你的批评：一种是性子直爽的下属，另一种是有能力、有魄力的下属。当然，也有这样的人，面对你善意的批评，他表面上很在乎，但在内心深处，你的批评不会对其产生多大的影响。

直率的下属接受批评后会马上振作起来；软弱的下属面对批评，多数不会有任何反抗，但是老板批评得越严重，他们越会变得畏首畏尾、胆小怕事。因此，对待这种下属，提醒式的批评更能有效地解决问题。

领导多数有同样的体会：心怀不满的人最不好对付。因此，批评这种人时必须十分注意把握分寸。至于那些油腔滑调的下属，则应对他们进行非常严厉的批评，这种人只有彻底改造才会痛改前非，再不会偷懒怠工、胡作非为。

但是，每一个人的性格都各不相同。如果使用一种方法去批评所有的人，在正常情况下，你很难收到明显的效果。

软弱的下属犯了过错，要一对一地采取提醒式、鼓励式的批评，例如说"我希望你能发挥出你的潜力""我估计这种工作质量并不能体现你的能力"等。

面对心怀不满的下属，首先要认真听取他们的意见，然后有针对性地去批评，例如可以暗示，"你本来可以完成得更漂亮一点，怎么总是心事重重的""要把工作和生活分开看待，生活可以随随便便，工作必须认真对待，这也算是一条人生游戏的规则"。

对于那些滑头的下属，要使用自己的真心话去批评他们。心里怎样想就照直说，而且要常提醒他们，做事要有一点说一点，毫无保留。只有这样，才能收到预期的效果。

如何处理与员工的矛盾

　　无论是老板还是中层管理人员，都会遇到这个问题。和员工之间产生的矛盾多是由于双方对工作有着不同的期待目标和标准，以及对工作的不同处理角度。简而言之，员工更注重工作过程中的细节问题，而老板和主管关注的是工作成果。

　　作为老板或主管，主要工作内容就是安排员工的任务，并协助他们顺利达成自己的期望。因此，摆平员工之间的矛盾，是每一个老板的首要职责。可是，应该如何处理呢？以下是几个简单的步骤。

　　1. 弄清矛盾是什么

　　矛盾的表象很多样化，老板在不了解实情的状况下，只会乱指挥；更多时候是出现消极怠工的现象，员工工作进度慢，对工作没有责任心，没有进取心。这些表象后面真正的矛盾往往是因为员工和老板对工作的内容、进度有着不同的认识和理解。

2. 找出导致矛盾的原因

出现矛盾的原因是问题的根结所在，也是解决矛盾的第一步。 一个员工时常无故旷工，你警告他，如果下次再发生这种情况，将扣除他全年的奖金。 这以后，他确实老老实实地待在自己的岗位上。 但问题解决了吗？ 没有，这只是表面现象而已。 这个员工经常离岗，可能是因为他对自己的工作不感兴趣，觉得另一部门的工作更适合自己，因而经常去学习。

老板觉得工作进度跟不上，总是说，我们的产量怎么这么低，利润怎么那么少。 而员工感到自己太辛苦了，每天的工作量那么大。 若老板此时要求员工增加产量，肯定就会引发矛盾，这是由于双方考虑问题的角度不同，老板是从产量和利润来考虑的，他没有想过每个工人的单独工作量，而与员工最直接相关的恰恰就是每天的工作量。

3. 分析解决矛盾的措施

要使工作顺利进展下去，合理解决矛盾是必须的。 每一种矛盾的解决方式都不同，这要根据公司、员工的不同情况仔细分析，选择最合理的解决方案。

在老板认为产量低、员工认为工作量大的情况下，要增加产量有以下几种方案：增加员工；以产量定工资，提高员工工作效率；提高技术支持，更新设备或改用能提高劳动生产率的生产方式。 在几种方案中进行抉择时，还要考虑各种限制因素，如技术、资金、人员等方面。

4. 预测事情的结果

我们要尽量选择会带来最好效果的矛盾解决方案，但这也存在风险。要提前想到如果矛盾不能解决，可能会出现的后果，做到心中有数，有的放矢。

和员工之间产生矛盾时，必须及时解决，避免日积月累，一旦演变成复杂的局面，就更难化解了。要让员工顺心努力地工作，就必须为他们创造适当的条件和局面。总而言之，解决好和员工的矛盾，是为了让员工更好地工作。

第五章

把话说对，订单就是你的

好的开场白是成功的一半

在面对面的营销访问中，第一句话的质量是十分重要的。可以说，好的开场白已经让你的营销成功了一半。大部分顾客在听营销员第一句话时的认真程度远远大于听后面的话的认真程度。听完第一句话，很多顾客就已经决定是要让营销员继续说还是要请其离开。因此，营销员要做好开场白，才能迅速抓住顾客的注意力，让自己的营销访问顺利进行下去。

在很多情况下，营销员往往不能很好地处理自己的开场白，有时废话太多，根本没有什么作用。比如："先生，您需要……吗？"这是最常见的开场白，但同时也是最不可取的开场白。如果打一个招呼就开始介绍自己的商品，并迫不及待地反复强调自己的商品是如何好以及购买该商品能为顾客带来的好处，然后就请顾客购买，这种方式是不会让你的营销取得成功的。

又比如人们常常使用一些与营销无关的开场白："很抱

歉，打搅您了，我……""您不买些什么回去吗？""生意好不好？"在聆听第一句话时，顾客都集中注意力，但获得的却是一些杂乱琐碎的无用信息，一旦开场失败，你接下来的营销也必将困难重重。

好的开场白应一开始就能吸引顾客的注意力，所以开场白是十分重要的，表述时必须生动有力、语言简练、抑扬顿挫、语速适中。讲话时眼睛应平视对方双眼，面带微笑，表现出自信而谦逊、热情而自然的态度，绝不可拖泥带水、吞吞吐吐或胡言乱语。

利用一开场就让顾客知道交易能为他带来好处的方法以吸引对方注意力，将是一个非常不错的方法。

有一位书店的营销员，在向顾客和读者推荐图书之前总会从容不迫、平心静气地向对方提出这样三个问题：

"如果我们赠您一套与经济管理相关的丛书，您打开之后发现十分有趣，您会读一读吗？"

"如果读后觉得受益匪浅，您会愿意购买吗？"

"如果您发现对它无太大兴趣，会把书重新寄还给我们吗？"

这位营销员利用了连珠炮似的三个问题作为开场白，使对方无法回避，也让一般的顾客几乎找不到拒绝的理由，从而达到了接近顾客的目的。后来，这三个问题被大多数出版社的图书营销员采用，成为接近顾客的绝妙方法。

比如，你还可以这样说：

"史密斯先生，您认为是哪些因素导致了贵公司目前的产品质量问题？"

经理们往往特别关心产品质量，营销员这样的提问，无疑将引导对方逐步进入交谈。

一位汽车营销员向某公司的老板推销他们刚上市的新型节油汽车，他的开场白是这样的："约翰先生，向你请教一个问题，请问增加贵店利润的三大原则是什么呢？"

一般的老板都是非常愿意回答这种问题的，他会告诉营销员："第一，降低进价；第二，提高售价；第三，减少开销。"

于是营销员马上抓住第三条继续说："你说的句句是真言。特别是开销，这是一种无形的损失。比如汽油费，一天节约20元，那么一年可以节约多少？如果贵店有三辆车，一天省60元，一个月就是1800元，一年就可节约21600元。如果能够节约却不节约，就好像把金钱一张张撕掉，一共要撕掉多少张啊！换句话说，这么大笔无形的资金被抽走了，更何况这21600元不是从营业额开支，而是从利润额中开支。如果将这些钱存在银行，以5分利计算，那等于240万元本金存一年的利息。老板是不是愿意考虑下节油的事儿呢？你可以精细地计算一下，怎么样？"

上述三个事例中，营销员直截了当地问了顾客最关心的问题。在开场白中，营销员也可以开门见山地告诉顾客，你们的交易能为他带来哪些具体利益，比如：

"总经理先生，安装这部电脑一年将为您节约 15 万元开支。"

"史密斯先生，我有一个办法能使贵公司提高产品合格率。"

当然，在开场白里适当地插入一些赞扬也是不错的。比如：

"斯考特先生，您好！我是戴尔公司的杰夫，今天我到贵府，是专程来请教您这位附近最有名的老板两件事的。"

"附近最有名的老板？"

"是啊！据我打听，大伙儿都说这两个问题最好请教您。"

"哦？大伙儿都这么说？真是太抬举我了，那么是什么问题呢？"

"实不相瞒，是……"

"外面站着不方便，进屋来说吧。"

　　每个人都希望得到别人的赞美和夸奖，只是有些人把这种希望表现得不明显罢了，因此，在开场白中只要你说"专程来请教您这位附近最有名的老板（专家、学者）"时，你的访问基本上都能顺利进行。

刺激欲望，激发兴趣巧成交

顾客只有真心喜欢一件商品，才会心甘情愿地购买，而喜欢的基础便是他们的好奇心、兴趣爱好及购买的欲望。 要想诱发顾客的购买欲望，营销员的口才至关重要。

20 世纪 60 年代，美国有一位非常成功的营销员乔·格兰德尔（Joe Grandel），他有个非常有趣的绰号叫作"花招先生"。他拜访顾客时总是在桌上放着一个三分钟的沙漏计时器，然后说："请您给我三分钟，只要三分钟，当最后一粒沙穿过玻璃瓶时，如果您不想再听我继续讲下去，我就离开。"

他常常利用沙漏计时器、闹钟、20 元面额的钞票及各种各样的花样，使得他有足够的时间让顾客静静地听他说话，并对他所推销的产品产生兴趣。

"您是否有兴趣了解一种可以让您提高30% 至 50% 的营业额的方法？"

对于这种问题，一般人都会回答"有兴趣"，所以当你问完问题后必须马上接着说："我只需要 10 分钟的时间来向您介绍这种方法。当您听完后，您可以再做出判断，这种方法是不是真的适合您。"

在这种情况下，你一方面让顾客有心理准备——你不会占用他太多的时间，而同时你又能让顾客意识到，购买产品的主动权在他们手中，你不会强迫他们购买。

顾客之所以愿意购买产品，是因为他们真的喜欢或感兴趣。 兴趣是促成购买行为的基本动力，而激发兴趣的重要方法在于营销员所采用的策略。

曾有一位推销员到农村去推销电饭锅。当时农村还比较落后，还是烧火煮饭，根本不知道电饭锅是什么。这位营销员来到一家炊烟袅袅的农舍，在厨房里一边帮主人烧火，一边说：

"要是可以不用烧火的方法煮饭该多好啊！"

主妇笑了起来：

"天下哪有这样的事情？我们祖祖辈辈都是这么煮饭的。"

"有啊，"营销员从包里取出电饭锅，说，"我这口锅煮饭就不用烧柴，不信我们试试看。"

说完便下米，放水，插电源，同时向主妇介绍其原理和操作方法。饭煮好后，主妇一尝，味道和烧火煮的一样好。营销员乘机说："更重要的是，煮饭的时候你不用一直看着它，你可以去做其他的事情。"

　　主妇做梦也没有想到天下竟会有这种好事，她一直希望能有一个人去帮她做这些永远也做不完的事情。于是她非常开心地买下了电饭锅，并且马上到她的左邻右舍做宣传，成了义务营销员。

以关爱打动人心，赢得客户信任

　　一个聪明能干的营销高手在进行自我介绍时，从来不会仅仅表述自己的想法，而是用充满关爱的语言表达自己对对方的关心，站在对方的立场说话，适当地表达自己对对方的赞美或认同，从而获得对方的信赖，而使对方乐意听你述说。营销就是贩卖信赖感，为了赢得对方的信任，让其乐意听你讲述，向对方表达你的关心便是一个不错的办法。

　　比如：

　　你去拜访一位陌生顾客，为你开门的是一个略显沧桑的中年妇女，一看便知她整日不停地为家庭、孩子奔波劳累，这时你便可以在开场白中加入对其适度的关怀。

　　"您可真够辛苦的！有您这么顾家的人，您的家庭一定十分美满幸福！"

　　"您在为孩子忙碌吗？有您这么好的妈妈，您的孩子肯定非常幸福!"

"我知道您先生是一位非常成功的商业人士。正如那句话所说，'每一个成功男人的背后都有一个伟大的女人'。您的贤惠、勤俭持家是他创造事业的坚实后盾，我代表所有的男同胞们向您致敬，您真的非常伟大。"

或者，我们还可以采用恭维的方式来向对方表示关怀，只是一定要表现得自然和诚恳，否则就会让人觉得虚情假意。比如这位营销员就做得很好：

"我上中学时就开始用贵公司制造的收音机。那台收音机的品质极佳，都伴随我整整 10 年了，至今都还没发生过故障呢！真不愧是贵公司生产的，就是值得信赖。"

不仅要表达出你对对方产品品质的极度肯定，还必须具体地说明你实际使用后，对该产品性能与品质的感想，这才是对方注意的重点。

"也许您并不知道，我现在仍使用贵公司 20 年前生产的扩音器。其间，我也换过几次其他的品牌，但不是发生故障就是音质不好，结果发现还是贵公司的产品最好。贵公司的产品真是好用，虽然已经用了 20 年，但除了外形有点老之外，功能比起现在的新产品根本毫不逊色，真是令人佩服，正所谓质量好才是硬道理。"

听完这一番话后，对方肯定会对你产生好感，并愿意亲近你，这样谈话的氛围就会愈加轻松与融洽。

人人都需要关怀，关怀能让人感到温暖幸福。 就算对方已经忙碌了一天，或正为某事焦头烂额，但是你来自内心的关怀能让他忘记疲劳，感到自己没有白辛苦。 更重要的是，他会觉得你能体谅别人，从而愿意与你进一步交谈，这就为你向其推销产品打下了基础。

幽默风趣，促进营销

心理学家研究指出，人在听话时的注意力每隔五至七分钟就会有所松弛。因此，在营销洽谈过程中偶尔穿插一些幽默的言辞，对于消除对方的心理疲劳有很大的帮助。

"谈笑风生"是会说话的人的特征之一。不会说笑话的人，自然也不会成为好的营销员。有时，营销洽谈中突然出现意外，风趣的言辞往往能起到很好的调节作用。

一天突然下起了大雨，一队刚刚到达的外国游客被这种天气弄得兴致顿失。这时，接待的导游疾步迎上去，笑着对旅客们说："中国有句古话：'有朋自远方来，不亦乐乎！'你们看，连老天也降下甘霖为你们洗尘。"这几句应景而俏皮的欢迎词，让游客们舒展了紧锁的眉头。

另一天清晨，某旅馆因故停水了，等待用水的游客们非常生气。这时，旅馆经理马上出面向大家道歉，并说："如果中午之前水还不来，我保证去挑水给大家使用。"此话一出，怨言顿消，有的人还不停地夸奖经理的幽默。

　　还有一次在为顾客准备的欢迎宴席上，举杯共饮之时，不知是谁不小心打碎了一只酒杯，使人们陷入一阵忙乱之中。这时，主人举起一只酒杯大声说道："请注意，我还要摔碎一只酒杯！"大家不知何故，都怔怔地望着他。他说："为大家求个'岁岁（"碎"与"岁"是谐音）平安'啊！"众人一听，全都笑了，这位主人以自己别出心裁的风趣妙语使得酒席的气氛又恢复如常。

　　幽默的言语更是常常出现在一些小贩的叫卖声中："如意如意，保您如意，买个如意，年年如意。"这些推销言语合辙押韵，顺口顺耳，听来风趣生动，能吸引顾客兴趣，激发其购买欲望。

　　人们都喜欢"谈笑风生"的营销员，在谈判桌上，幽默风趣的对手也是很受欢迎的。

　　谈判刚开始时，人们总会感到紧张和不自在，尤其是第一次谈判。但是，幽默可以使大家放松，可以缓减紧张心情，创造和谐的气氛。大家一旦从那种相互戒备的心理状态下解放出来，注意力便不再集中于谈判的胜败，而会转移到如何解决问题的方面上来，这样友好的交易才能继续下去。

　　一位优秀的营销员要想在商场上穿梭自如，不仅要有幽默的语言，而且还要有幽默的动作，以赢得顾客的喜欢。营销员的幽默当然不是仅仅为幽默而幽默，所说的言辞、所讲的笑话都要有的放矢，才有助于让顾客对产品产生兴趣。

曾有这样一个故事：

　　秘书恭敬地把一个营销员的名片交给董事长，董事长却非常不耐烦地把名片丢回去。秘书无奈地把名片退回给站在门外的营销员，营销员却不以为然地又把名片递给秘书："没关系，我会下次再来拜访，所以还是请董事长留下名片。"拗不过营销员，秘书只得硬着头皮再将名片递给董事长，这下董事长火了，将名片一撕两半，扔进垃圾桶。

　　这下把秘书吓到了，董事长愤怒地从口袋里拿出10块钱说："10块钱买他一张名片，够了吧！"哪知道，当秘书把10块钱递给营销员之后，营销员激动地说："请你跟董事长说，我的名片5块钱一张，所以我还欠他一张。"随即又掏出一张名片交给秘书。

　　突然，董事长从办公室里笑着走了出来，说："不和这样的营销员谈生意，我还找谁谈？"

营销语言要简洁准确，切中要点

营销语言都不是有感而发的，你所说的任何语言都应能准确无误地表达自己的意图，不能说了半天还没有谈到重点。

有些人很难做到嘴里说的与心里想的一致，即所谓"言不由衷""词不达意"。

众所周知，法国著名作家大仲马的小说畅销世界各地。一次，一家书店老板获悉大仲马即将光临，便立即吩咐将其他作者的书统统从书架上取下，全部换成大仲马的著作，目的是想讨好这位大名鼎鼎的作家。大仲马到书店一看，发现书架上只有自己的书，于是询问别人的书都哪里去了。老板急不择言，随口说道："都卖完了。"这使大仲马特别惊诧，想不到自己竟成了这里的第一号滞销书作家！

店老板慌忙之中弄巧成拙，结果适得其反。事实证明，清醒的意识对于说话非常重要！

如果一个营销员在谈生意时，悠闲地坐在沙发上，随心所欲地与对方胡乱闲扯。毫无疑问，这样的营销员在事业的道路上是无法取得成功的。

现代商业越来越繁忙，业务应接不暇，所以商务谈话中的每一句话都应切中要害，抓住主题，除非万不得已，否则绝不可拖延。

所以，那种说话不直接而喜欢绕圈子的人，就算你在业务上倾其所有，也不会做成什么大事。

我们说话的目的是向别人说明一些事情，感动人并且说服人，能激发他们的兴趣，使其产生相应的行动。无论你向谁推销商品都不该离开下面四个要点：

第一，说明商品；

第二，激发他们的兴趣；

第三，说服顾客；

第四，完成交易。

所以，准确地表达自己的意图，在商务谈话中是非常重要的。

向顾客提供信息要有分寸

有时向顾客透露过多的信息反而不利于其做出购买决定。

每个人都不一样。你要想知道每一个顾客的需要,唯一的方法就是读懂顾客从细微之处透露出的微弱讯号,为他提供他觉得重要的信息,使他关注某种产品的特质能给他带来的好处,引发他对产品产生积极的反应。

很多生意人常常犯一个共同的错误,就是给顾客太多的信息。这便造成了许多不必要的混乱,并且给人留下还有许多事实需要证据的印象。

如何确定你提供的信息刚好足够呢? 首先,弄清听者是经过三思之后刻意地点头,还是真正需要时轻松自然地点头,一般精明的生意人都能很专业地感觉到这两者之间的区别。 第二个反应叫"全身心地点头"。 刻意地点头表明他对你给出的信息内容做出了反应,但"全身心地点头"则表明他对你用来交流内容的方式的反应。 当你使用能让顾客更满意的感觉渠道来讲述你的信息时，你会看到他们全身心地点头，这就表明他们很看重你说的话或对其很感兴趣。

利用顾客更喜欢的感觉渠道来推销产品，包括所有必需的基础信息，将它们集中在你产品的质量和带来的好处上，吸引他们所喜欢的感觉。你会惊讶地发现，你无须多言，就能轻轻松松地收集到让顾客觉得重要的信息。

要创造积极的情绪，比如，人们购买冰箱时，并不是因为一时喜好或一时冲动而想买一个新的。他们可能花了很多时间和很多金钱来维修家里旧的那个，企图用尽它最后一点价值，但最终还是迎来了终结的那一天，顾客希望尽可能快速、节省地做完家务。你又怎样利用顾客的冲动性购买来销售电冰箱呢？这是种方式，即所谓的"关联性反应"。

下面是一个冰箱营销人员激起顾客热情的例子。

顾客："我需要一个新的冰箱。我的旧冰箱今天早晨坏了，我不想花很多钱在修理上面。"

营销人员（站在冰箱旁）："嗯，你肯定会很喜欢这个的。它基本上是免费的（碰了碰那设备）。它的特点是省电（指着在设备边上的能源操作手册），它能为你省下你买它所付的钱（用手指轻敲能源操作手册）。"

顾客："听起来不错，但是不是越省电的冰箱就越贵？"

营销人员："这个冰箱性价比非常高，可以稳定地省电。（转向设备）看这里，这个自动制冰机，想想这会为你减轻多少负担。你随时需要冰，这里随时会有。每次你招待朋友喝一杯时，或当你的孩子从学校回来，一边

向你讲述他在学校的一天、一边要一杯冰凉的饮料时，碎冰托盘总是满满的。"（赞许地碰碰自动制冰机）

顾客："这很不错，不需要整天担心那些冰格是否都满着。"

营销人员（抓住机会将这种积极的反应和冰箱联系起来，当顾客开始理性的思考过程时又触摸电冰箱）："明天的这个时候，你们家的厨房里会多这么一个新的冰箱，里面会装满你和你的家人所需要的所有的冰。并且不需你动手，我们的送货人员将免费送货，它很坚固的（断然地关门，来强调它坚固的结构，然后轻轻拍了一下）。"

这个营销人员，将顾客所说的价钱变成了顾客能得到的价值，然后一再强调那些花费是合理的。很快，营销员将注意力转移到另一种情感，使顾客关注产品的某种特质能为他们带来的好处。

这个营销人员通过语言和身体的某些姿态将产品与好感觉完全地联系在了一起，并将任何怀疑和问题放置一边。每说产品的一个优点时，都会轻抚一下或轻拍一下商品。每一次顾客带出的潜在的消极的东西，都会被营销人员巧妙地移开。营销人员的目的是引发顾客对产品产生积极的感觉。

实例演示与口才相结合

众所周知，推销过程中要采用理论与实践相结合的方式，一旦在理论当中适当加些实践，推销过程往往会显得生动。有这样一个例子：

有一个中年男子无意间闲逛到玩具专柜前，女营销员热情接待了他。男子顺手拿起柜台上的一只声控玩具飞碟。

女营销员马上问："先生，您的孩子多大了？"

男子回答："六岁！"说完把玩具放了回去。

女营销员说："这是刚上市的新款，是现在非常流行的玩具……"她把玩具放到柜台上，手拿声控器，开始熟练地演示玩具飞碟，前进、后退、旋转上升、下降，展示了玩具的各种性能，同时又用自信而肯定的口吻说："让小孩儿玩这种声控玩具，可以培养他的领导意识，对于开发孩子的智力也很有帮助。"说着，便递给男子又一个声控器，说，"你还可以和孩子一起玩，多好呀！"于是那位男子也开始玩了起来。这时营销员停止了介绍。大约两分钟后，男子停下来若有所思地打量着玩具。

女推销员看见有一定的机会，进一步介绍说："这种玩具设计很巧妙，玩起来花样很多，比别的玩具更有吸引力，一般孩子们都特别喜欢，很多顾客都买了……"

男子逐渐被说动了，问营销员："一套多少钱？"

女营销员仍然面带微笑说："先生，好玩具自然与普通玩具的价格不一样，况且跟发展孩子的领导才能比起来，这点钱实在是微不足道。孩子往往有着巨大的发展潜力，家长得给他们发挥的机会。你买这种玩具是不会后悔的。"她稍停一下，取出两节崭新的干电池说，"这样吧，这两节新电池免费奉送！"说着，便把一个原封的声控玩具飞碟，连同两个电池，一起包装好后递给男子。

男子接过袋子说："不需要试一下吗？"

女营销员说："放心，质量没问题！如有质量问题，三天之内可以退换。"

男子付了款，高高兴兴地提着玩具走了。

将实例演示与口才相结合，更能吸引顾客的兴趣。

及时回答提问，掌握答复技巧

如果希望商谈顺利进行，那一定要及时回答对方的提问，并不失时机地同对方展开讨论。但是说话必须掌握分寸，不可口无遮拦。你应对你所说出的每一句话负责，因为对方可以理所当然地将你的回答当成一种承诺。

掌握答复技巧应注意以下几个方面：

1. 不要彻底回答所提的问题

答话者要尽可能地缩小提问者所提问题的范围，或者在回答之前略加修饰和说明。

比如，对方关心某种产品的价格问题，就会直接询问这种产品的价格。如果很彻底地回答对方，把价钱一说了之，那么在下一步的谈判过程中，你可能就会处于被动的位置了。

2. 不要确切回答对方的提问

回答问题时，应该为自己留下一定的余地，也不要完全地暴露出你所有的实力。

你可以先举一个类似的例子，再回到正题。或者，利用反问的方式转移重点。

3. 减少问话者追问的机会

问话者如果发现了答话者的漏洞，往往就会有"打破砂锅问到底"的趋势。所以，回答问题时要特别注意，不要给对方抓住漏洞而继续问的机会。

4. 让自己获得充分的时间思考

回答问题前请先三思，对问题要进行全方位的思考，要做到这一点，就需要充分的思考时间。你不必顾忌谈判对手的催问，而是告诉对方你需要一定的思考时间。

5. 有些问题不值得回答

谈判者有回答问题的义务，但是这并不等于必须回答谈判对方提出的每个问题。特别是对某些不值得回答的问题，可以根据具体情况做出相应的回避或礼貌地拒绝回答。

例如，在谈判中有些谈判者提出些与主题无关的问题，显然这些问题是可以不用回答的。或者，对方会有意提一些容易影响你情绪的问题，其用意在于使你一时冲动而失去自制力。回答这种问题只会损害自己，因此可以一笑了之。

6. 不轻易作答

有些谈判者会提出一些模棱两可、让人难以回答的问题，意在摸对方的底。 对于这一类问题，首先应知道对方这样做的本意是什么。 否则，轻率地随意作答，就会陷入对方为你设下的圈套。

7. 找借口拖延答复

有时可以用资料不全或需要请示等借口来拖延答复，或者直接告诉对方自己需要一点时间思考，但并不意味着可以拒绝回答对方提出的问题。 因此，回答对方问题之前，要找借口拖延时间，从而给自己留出更多的时间考虑如何来回答问题。

8. 有时可以将错就错

在商务洽谈中，由于双方的表述方式与理解思维各有不同，因此，误解对方所表达的意思的事情是经常发生的。

一般情况下，这往往还会阻碍谈判双方信息交流与感情的沟通，因而有必要予以更正、解析。 但是，在某些情况下，这种错误理解能够为谈判中的某一方带来好处。 因此，在适当的时候应采取将错就错的策略。

比如，当买方询问某种商品的各方面性能时，卖方回答买方多买可以享受一定的优惠。 买方把卖方的答复理解为：如果想得到优惠的话就必须成批购买，而卖方真正的目的只是希望买方能够多购买一些。

如果买方这样理解之后仍然有购买意向的话，卖方当然不必告诉对方自己的本意是什么。

恰到好处地恭维对方

人都有虚荣心，都希望得到别人的赞扬和肯定，如果这种赞扬是真诚的，不会使人感到虚假或敷衍，对方就会觉得你待人真诚，就会对你表示友好、亲近，从而乐意与你打交道。

要让你的恭维恰到好处，就要注意四个方面。

1. 注意场合

当对方愿意听、喜欢听的时候，你恭维他，会起到很好的作用。

2. 注意尺度

恭维他人要适度，过分的恭维会让人觉得虚假。因此，营销人员恭维他人时一定要恰到好处。

3. 要有根据

你对别人的恭维一定要是发自内心的，恭维的内容很多，可以从对方的容貌、体态、个性、人品、能力、兴趣爱好等出发，但是一定要态度诚恳、真心实意。

4.要分清对象

要有针对性地恭维，并且区别对待。 对一个西方人，对方年纪再大，你说她年轻、漂亮甚至性感，她都会很高兴。但对东方人，哪怕只是一个中年妇女，听了之后都会觉得你是在讽刺她。 你对一个较开放的少女，说她性感，她听了会接受；但用于一个较保守的少女，她便会觉得你在污辱她。

必须努力避免的洽谈语言

与顾客进行营销洽谈时应遵循一个原则，即语气柔和，简明扼要，要点突出，让顾客听起来舒服、愉快，容易理解。因此，在营销洽谈中，应尽量注意以下几个方面：

1. 避免使用命令式语气

命令式语气是讲话者想将自己的意志或想法强加给对方，让对方无条件执行或遵从。这是营销中不应出现的。如果你换成请求语气，对对方表现出相应的尊重，以协商的态度提出，对方肯定会更容易接受。例如，顾客问营销人员还有没有牙膏卖，营销人员说："没有了，不知道多久才会有。"这样的语气会让顾客产生他是在乞求营销员的感觉，很可能转而到别的商家去购买。同样情况，若改成："本月牙膏全部订出去了，不过我们厂正在加班生产，您愿意多等几天吗？"这样的说话方式不但主动承担了自己的不是，还以请求的口吻请顾客多等几天，略表歉意之情。通常情况下，顾客都是会谅解的，并且愿意多等几天。 同样一个意思，因为不同的语气而造成了截然相反的效果，更加说明了语言艺术真的很重要。

2. 不要盛气凌人

无论你的能力多么强，你所营销的产品多么畅销，也不要在顾客面前春风得意，更不能在你的谈话、表情或肢体中体现盛气凌人、居高临下的态度。 无论在什么情况下，一定要使顾客感到他们是上帝，让他们在商谈过程中感觉到你对他们的尊敬和重视。

千万不能在顾客面前摆出一副盛气凌人的架势，这会让他们产生一种屈尊于你的错觉，这样反而会使他们产生抵触心理。 任何时候都要让顾客感觉到，是他在购买产品，而不是你在营销。 一定要平等地、谦逊地对待顾客，这样你才会赢得顾客的心。

3. 少用否定句

营销人员在销售过程中应避免使用否定句，因为你否定的往往是对方的意见和想法，容易引起顾客的不满。 而肯定句是在间接肯定对方的意见，双方都乐于接受。 一般情况下，肯定句是能够代替否定句的，而这样的改变往往能起到更好的作用。 例如，顾客问："这个款式有红色的吗？"营销人员说："没有！"顾客听了以后，可能会想："既然没有红色的，我就不买了。"但对同一个问题，营销员如用另一种方式回答，顾客的想法肯定就不一样了。 "目前只剩下蓝色和黄色的了。 这两种颜色同样很鲜艳，对您很合适，您可以试一下哦。"虽然肯定的和否定的回答都承认这个款没有红色，但否定让人感觉冷漠，而肯定却能给人一种温馨的感觉，而且还提供了多种选择的可能性，所起的效果肯定更好。

同理，当营销人员不得不拒绝顾客的某些要求时，也应该尽量用委婉的、肯定的、请求的口气来达到目的。

提升说服力，顺利成交

优秀的营销者认为，为了防止顾客犹豫不决，迟迟不肯决定，首先必须想方设法让对方的态度有所改变。我们应当从对方预先的设想、期望值、已存在的信念、所需所求等出发，并引导他们向着我们希望的方向前进。每件事情都有两面性，每一次交易都存在着满意和不满意两种因素，双方也都或多或少地有一些需要克服的反对意见。交易能否成功，从某种意义上说，其根本就在于你如何去看待反对意见，这就取决于你在交易中怎样讨价还价，并且怎样去影响、引导对方以认同你的观点甚至接受，最终成交。

乔治先生的妻子由于视力不好，所以她使用的手表必须长短指针分得明确才行。但这种手表现在不容易找到，他们费尽了心思，总算找到了一只她能够看清楚的手表。但是，那只手表的外观太丑陋，也许这正是这只手表一直没有卖出去的原因吧。而且，它标价200元也似乎过于贵了。

　　乔治先生告诉卖家说200元太贵了，询问能不能便宜点，但商人却说这个价格非常合理，并且告诉乔治先生这只手表非常精确。乔治先生告诉卖家时间是否精确并不是最重要的，为了证明给他看，乔治先生还拿出了他妻子的旧表让他看："这只50元的表已经跟了她7年了，这只表一直都很管用。"

　　但是商人回答说："噢，7年了，她也应该换只名表了。"当乔治先生指出这只手表外观丑陋时，商人又反驳说，"我从来没有见过这么好的，并且专为视力不好的人设计的手表。"最后，经过一番讨价还价，他们最终以150元的价格完成交易。

　　其实，一旦你抓住了对方的要害，就可以将其作为增加自己说服力的筹码，就可以处理好对方的反对意见，说服他们认同的观点。　所谓说服，是指在谈生意中想方设法让对方认识到真正利害关系之所在。　可以借助于对方的逻辑，诉之于对方的感情，迎合对方的需求，等等。

　　有意识地练习下面的步骤，你会发现它们对你是很有用的，它们虽然不是进行说服工作的唯一途径，但却是一条不错的途径。

　　第一，应指出问题。　在与顾客谈生意之前，先用笔写下你所能想到的一切。　对于你所提意见之中所包含的对他的好处，在他没有从自己的角度看到它们之前，暂时还没有太大用处。　于是你可以通过提一些试探性的问题，来找到对方问题之所在，并且明确地将其指出来。

第二，商定解决方案。 要和对方一起工作，并想方设法使对方同意你提出的解决他的问题的总体方案。 方法是：当他支持并认同你的建议内容时，要鼓励他并怂恿他在这种情况下做出决定；而当他提出异议时，你要做出相应的让步或者提出你的反对意见。

第三，选择主要的利益。 只选择在适合于你已提出的解决方案的建议中有益于他的部分。 你的资料公开得越多，对你就越不利。 其他好处应备而不用，作为对付其他阻力的后备力量。

第四，对你所说的话提供充分的证据。 这是一个至关重要的阶段。 为了支持你的观点，特别是当谈到你的服务质量时，要给对方提供相应的证据，如表格、数字、曲线图、草图、图片、试验结果、研究数据等。 必须对你所描述产品的优秀性能提供充分的证据，否则，他会暗暗地想："这些表面光鲜亮丽的话，谁不会说啊？"

第五，取得对方的赞同。 要让他和你站在同一战线上，如果他想反悔，你就重新把问题提出来。 你应该在下一阶段到来之前确保他能一直支持你的观点。

第六，把他的代价缩小到最低。 把他的代价铺开铺散，并把它和另外一些小额费用进行比较，把对方的代价在时间上拉开并掰成小块，让他产生自己所付代价并不高的错觉。不要在这一阶段徘徊，而要立即打入下一阶段。

第七，给他一点额外的好处。 要在关于对方的代价说明以后立即给他一点好处，至少要让他感觉自己得到了好处。

第八，把赚取的利益加总。 把他从开始到最后的所有利益都加起来，并和他一起算出他所获得的毛利，要把这个毛利按一个较长的时间范围来进行累计。 当然，在说服顾客的时候，一定要让顾客知道你很清楚他的心思和想法，以致对方在讨价还价时会做出一系列反应。

使用这些手法时，都有一定的技巧性。 如果顾客的态度过于理想化而把一切想得很完美，要想继续谈下去，就要利用这方面的技巧。 这时，不能立刻向对方表示屈服，否则太快让步就会让顾客得寸进尺，肆意妄为。 当然，在采用这种技巧时，绝不能让顾客识破。 营销者要不动声色，让人信服地引导顾客谈成生意。

第六章

聊出友情，好朋友是谈出来的

利用闲谈增进感情

不少人觉得聊天浪费时间，其实朋友之间的感情就是从闲谈中产生的。 实际上，有的人之所以交际面广泛，全都归功于他们善于与他人闲谈。 可有的人却不爱聊天，他们觉得"今天天气不错啊"和"吃了吗"这一类的话，都很容易让人感到无聊，他们不喜欢也不屑于去说，但他们不明白这种看似没有什么内涵的话，其实是有用处的。 它们可以为朋友间的交情打好基础，就好比踢球之前得跑一跑、跳一跳，这些都是运动前的热身。

通常谈话总是从闲聊开始的，说一些意义不大的话相互客套一下，其实就是要大家互相熟悉一下，从而营造一个轻松的谈话氛围。

闲聊是交谈的开头，好比说天气，几乎国内外人士都喜欢用天气作为话题。 人们的生活受天气的影响很大，好天气，可以一起赞美；坏天气，可以互相表达一下苦恼。 如果是台风、大雨等，这更是一种谈资，因为人人都关心这些。

无论什么都会有一个艰难的开端，就连谈话也不例外。一开始，确实要一些丰富的经验，当你在各种场合，面对不同背景的人物，想用语言拉近相互间的距离确实是一件很难的事。如果谈不拢，就难以继续交往，还会让人觉得心情不好，对方对你的印象也不会好。

谈话是对自己潜力的挖掘，也是对一个人知识水平和文化层次的考验，除了自己平时感兴趣的内容外，你还需要准备大量闲谈的资料。这些内容要尽量有趣，同时也要引人注意。

不仅有天气，还有很多资料可以闲谈。

1. 自己闹过的一些无伤大雅的笑话

比如说话引起的误会等各种各样的笑话，人们都比较喜欢听。如果用别人的事作为笑话的素材，虽然起到的效果也不错，可是那个当事者未免会感到不悦。谈谈发生在自己身上的笑话，说说自己的"蠢"事，不仅能娱乐气氛，人们也会觉得你人很好，平易近人。

2. 惊险故事

如果是自己周围发生的事情，尤其能引人注意。生活不可能都是顺利的，虽然每天都吃饭睡觉，但当问题突然降临，或是突然被要求去某个地方，面临着许多的未知……在面对这些陌生的情景时，如何克服各种困难死里逃生，这样的话题总能引起别人的注意。

3. 健康与医药

新的医学研究，有名的医生，流行疾病的护理方法，自己周围朋友的经历，怎样可以保持健康，怎么锻炼，怎么减肥，诸如此类，虽然有可能没有什么论据，但大家都热衷于此，同时也能交流经验。尤其当朋友或他的家人身体有恙的时候，如果你能提供有用的意见，他会对你非常感激。

4. 家庭问题

许多和家庭生活密切相关的内容，例如家庭教育、商场优惠、夫妻感情、朋友喜事……也是大家关注的对象，尤其是家庭主妇很在意这些。

5. 运动与娱乐

夏天聊游泳，冬天聊滑雪，其他的像乒乓球、篮球、网球等，也是人们常聊的话题。像插花、画画、音乐等娱乐的事情，某个地方的有名景点，假期怎么玩……一般人们都喜欢关注这些话题。尤其是有著名的大师来表演，或者票房高的戏剧、热门片子上映，这些更会成为人们的谈资。

6. 轰动一时的社会新闻

如果你对一些新闻有独到的见解，这也能吸引不少的听众。

7. 政治和宗教

如果你和人聊天，相互间的政治观点很贴近，或是有类似的看法，那此类话题就更加容易引起别人的注意。

8.笑话

当然，大家都爱听笑话，如果你记得许多笑话，并且很有经验，那你很可能成为大家的关注焦点。

人际交流中少不了闲谈，但值得注意的是，很多人难以把握一个适当的分寸，说闲话太随便，闲谈中提及别人的个人隐私不合适。说太多，肯定会使一些人受伤害。

人们常用这么一句话评价人："这人说话没脑子。"就是说有的人说话不注意，不经过思考就说出一些话，不考虑别人的感受。

　　小夏是个在校生，她有可爱的长相、外向的性格，因此结识了许多朋友。可是没多久后她就发现，许多朋友仅仅在交谈几次过后，就很少和她联系，她也不知道为什么会这样。

某天，小夏的一个朋友告诉了她原因。

"小夏，有的时候你的话很伤人的。也许你是无心的，也不想伤害人，可别人还是因为你的话受伤了。"

"是吗？我没有注意到啊。"

"比如说前一次聚会，那时候有个胖乎乎的女生，你还记得吧？"

"记得。"

"吃饭时你一直说胖的人身体不健康、性格差，我们知道你是无心的，但你当时也没有顾及一下那个女生的感受。那个女孩儿当时一点胃口都没有，她在回去的路上都哭了，她说她也不想这么胖的。"

"但是，我不是指她啊，只是刚好最近很流行减肥而已。"小夏为自己开脱道。

"是，但别人还是因为你的话受伤了，尽管你不是故意的。"朋友很严肃地说，"无论跟谁在一起，都要时刻留意自己的一言一行，否则也会让别人难受，别人就会疏远你。"

日常交际中，人们了解一个人的思想和修养主要是通过交谈，就算是平时的闲谈，你的素质也会由你的言行展现出来。人们之所以喜欢或排斥一个人，主要取决于他的言语。因为不管你有多高的学历，或者你有多少财富，你说的话就是在描绘你自己，尤其是在平时交流中，能够很好地从一个侧面看出你的个人修养。大家都不愿意和没教养的人交往。

艾琳不想和苏珊交往了，苏珊的毛病让她受不了。

"我们常常一起聊天，女人间的闲聊其实也很常见的，可她总喜欢道人是非，还总是拿一些鸡毛蒜皮的小事来说，受不了。

"之前，她跟我聊婚姻的时候，还说很多女孩儿喜欢跟比自己大很多的男人谈恋爱，她认为那种婚姻的基础不够牢固，有代沟，难以得到幸福。虽然我理解苏珊的为人，但是当时我妹妹正在热恋的男友就比她大很多，她不是不知道，我对她说的话感到难受。

"因此我不愿意和她做朋友，与其花时间和她聊别人的对错，不如和其他朋友闲谈一些更有价值的事情。"

平常说话时务必要牢记一些事情，不可轻易地对某人做出评价，就算当事人不在场。 谈的话题要是大家都感兴趣的，尽量别说让人感到不悦的事，尤其不要议论自己或他人的隐私问题。 尤其注意谈笑间，别给人留下不够稳重和没教养的印象。

　　最好能够留意大家在谈话时都乐于说的话题，了解后再加入。 或者聊一下体育、天气和经济等不会伤害到人的事情。 值得人们注意的是，说话时要注意别人的表情，以此判断自己说的话别人爱不爱听，及时做出相应的调整。 不要随便和人发生争吵，如果发生了则尽量回避。

　　切记，没有必要在闲聊的时候失去朋友。

换位思考，维护他人自尊

一般来说，人们的自尊心都是不容侵犯的，因此，当人们的自尊心受到侵犯时，即便对方在事后道歉了，也很难再恢复双方的关系。

相反，倘若你给予对方尊重，时刻站在对方的角度思考，那么，对方肯定会感谢你并表示友善。

举例来说，如果大家都在聊天的时候，有人说了个很有趣的笑话，大家都很高兴。然而，如果在大家还在笑的时候，有个人突然出声："这笑话虽然有意思，但是这条段子上个月某本杂志就提过了。"也许他想表现一下优越感，但人们对他的评价会是怎么样的呢？而当时讲笑话的人，他又会是何感受呢？大家可以换位思考一下。

有一次，俄国著名作家屠格涅夫上街散步，这时有个穷人走来向他乞讨。他找了一会儿，愧疚地说道："兄弟啊，对不起，真是不好意思，我吃的东西放在家里，把钱也落在家里了。"那个人却用力地握着他，连声说：

"谢谢您，谢谢您！"屠格涅夫惊讶地说道："为什么谢我？"那个人答道："原本我是打算吃点东西再去自杀的，可是你却叫我兄弟，是你给了我勇气让我活下去！"

一声"兄弟"让人有了继续活下去的勇气，为什么屠格涅夫的言语有这么大的影响力？因为他在言行中给了任何人都无法丢弃的东西——自尊。

中国人常常把自尊解释成"面子"。诸葛亮一生跟随着刘备，鞠躬尽瘁，死而后已，是因为当年刘备给他的面子实在是太大了。刘备第一次登门造访，诸葛亮正好外出。第二次前往，诸葛亮又外出不在家。直到第三次，他才和诸葛亮进行了交流。对于这三次面子，诸葛亮一直心存感激。这位三国时期最有名的谋士，在初出茅庐的时候还很年轻，等到他去世时，早已满头白发。他不仅为刘备出谋划策，也全力辅佐他的儿子，最后，以生命作为回报，让人深刻感受到面子有多么重要。

陈文进入公司不到两年的时间就当上部门经理了，但也有一些下属并不愿意听他的，甚至有的人还跟他公开作对，其中一位就是钱诚，原先他们还是关系很铁的哥们儿。陈文升职以后，钱诚就总是迟到，一周的工作日有五天，竟然有四天他都迟到。

按公司规定，只要迟到半小时就算旷工，这是要扣除工资作为惩罚的。问题是，钱诚都没有超过半小时，所以公司的规定也无法执行。陈文知道要想办法处理这个问题，同时还不能加深矛盾。

陈文让钱诚来办公室："你这几天老是迟到，遇着什么问题了？"

"没有，堵车我也没办法，退一步说我也没有超过规定的半小时。"

"你别激动啊，我就问一下。"此刻对方的敌意很明显。

"经理如果你没有别的事，那我去办事了。"

"等等，你家是不是在体育馆那里？"

"是啊。"钱诚很好奇陈文为什么这么问。

"那正好，我家住那儿附近，以后每天早上我在体育馆门口那里等你，我上班的时候带你一起吧。"

没想到陈文这么说，钱诚一时不知道怎么好，低声说："不，不用了……你可是经理啊，这样做不太好。"

"没事，都是一个公司的，应该互相帮助的。"

钱诚突然感到不好意思，陈文已经当上了经理，还一直把自己当朋友看待，自己的行为却这么幼稚，真的不应该。事后，他们又是朋友了。

只要尊重他人，你的新朋友就会越来越多，和老朋友的感情也会越来越深，这样你的人际网才会进一步牢固。

与其伤了和气，倒不如卖他们一个面子，日后你得到的回报肯定大于你的付出。

有时你发现朋友做错了，如果你直接提意见，无疑会使彼此的感情都受到伤害，不如旁敲侧击："你的生活方式我不便于做太多评论，但是如果你这么做的话，也许会更好。"或者："我觉得这么做不好，我觉得这不是你的本意，对不对？"

善解人意，消除误解

生活是矛盾的，人和人之间的误解就是由此产生的，成为彼此之间的"拦路虎"。 给予对方更多的理解，从别人的视角出发想问题，这就是人们常说的"借朋友的鞋子穿"。

古人说："同师曰朋，同志曰友。"《世说新语》里提到，管宁和华歆曾经一起学习，师从同一人，他们之间的友情有多么深厚不得而知，但他们割席绝交的结局确实让我们感到心痛。 古人常说安贫乐道、耻言富贵，正是因为华歆崇尚富贵而使管宁与其割席绝交。 人们常常夸奖管宁，但从人际交往而言，管宁因为华歆崇尚富贵，在不加劝说的情况下，轻易放弃了自己的好朋友。

其实，管宁太过苛刻了，他们需要更多的相互理解。 实际上，每个人都有自己的想法，每个人都是独立的；再者，世界是如此丰富多彩，事情也是复杂多变的，因此每个人的思想和见解很难在同一个水平上进行统一。 有的人只吃饭，有的人热衷做饭；有的人喜欢品茶，有的人爱泡茶；有的人爱唱歌，有的人爱跳舞。 我们不需要别人每个方面都和我们相符才和他们交友，只要有共同的一两点兴趣，就完全可以和他做朋友。

怎么说话、怎么做事，都要从对方的角度进行思考。 这是卡耐基总结出来的。

只要有交流，就会有分歧。 卡耐基认为与别人沟通的时间需要缩短，求同存异，提高彼此的效率，为此，他思考了很多。 而有一天他从别人那里听到一则故事——犯人的权利，他才从中得出这个结论。

据说，有一个犯人被关禁闭。有一天，一股万宝路香烟的味道飘了进来。于是，他就寻了过去，门上有一个细缝，原来有一个士兵刚吸了一口万宝路，又舒缓地吐出。这个囚犯也希望抽一抽这个香烟，所以，他客气地敲了一下门。

卫兵不耐烦地走近了，高傲地说道：“你也想抽吗？”

囚犯说：“对不起，能让我也抽一支吗……就你正抽的万宝路。”

卫兵觉得犯人没有权利抽，所以，他用恶劣的态度哼了一下以后，直接离开了。

囚犯很生气。他觉得自己应该有权利，为此他想要确定一下自己的判断是否正确，他又敲门了。这回，他采用十分严肃的态度，和之前那一次不一样了。

卫兵吸了一口烟，十分愤怒地回头，问道：“又有什么事吗？”

犯人毫无退缩地说："对不起，你最好在 30 秒内给我一支烟。不然，我就撞死在这墙上。如果监狱当局发现此事，等我醒了以后，我就说是你弄的。当然，他们肯定会偏向你。但是，每一次的听证会你都要出席，你还要跟听证委员解释，还有许多报告需你来写。你想想看吧——只要一支就够了，我以后不会给你惹麻烦了。"

最后，卫兵只好给他一支。为什么呢？因为卫兵一下就知道了后果利弊。

这个犯人知道卫兵的弱点，他达到了自己想要的目的——得到了一支烟。

卡耐基由此想到：假如你把自己想象成对方，就能够知道他们怎么思考、为什么这么思考。只是简单地换位思考，试图站在朋友的角度，卡耐基马上体会到了快乐——真理带来的快乐。

如何做到善解人意？你要先对别人有"同感"的理解，自然这也需要一定的技巧。

如果想和他人进行情感沟通，就应把对方放在心上。如果对方流露出某种情感时，你要对他说的事表达出相同的感受，甚至更强烈，这样你们就有共同话题了。

朋友间要直率诚笃地交谈

坦诚、直率的交流是朋友间必不可少的。如果连这点都做不到，便会淡化彼此的友情。著名的维也纳心理学家阿尔弗列德·阿德勒在《生活对你意味着什么》中提及："如果对自己的朋友不真诚，就会面临许多困难，就会使人受到伤害。人类的许多失败都缘于此。"事实也是这样。

让我们假设一下，如果你有两个朋友甲和乙，甲总是拐弯抹角地说话，而乙说话耿直不做作，还诚心诚意、有话直说，那么你与乙的友情自然会与日俱增。所以，如果朋友的要求你无法满足，可以直接告诉他，就能够得到谅解；如果你需要别人的帮忙，大胆直接地说出来，他们也会尽力帮你；如果朋友的言行有什么问题，你可以直接说，帮助他。

总之要直率诚笃，不说什么套话，不要过于正式。彼此要信任，要开诚布公，如此友谊才能进一步深化。

即使分开了，陈玉也永远都不会忘记自己的大学寝室同学梅姐。梅姐很像大人，总会帮助宿舍的姐妹，但也不会放过姐妹的缺点。陈玉喜欢乱放东西，梅姐常批评她，陈玉感到很尴尬，可是最后还是改正了错误。其实，梅姐的苦心陈玉是能够理解的，心里还是很温暖。

值得一提的，直率诚笃和口无遮拦不能够画上等号，这也需要一定的技巧。宋代大文豪欧阳修和宋祁之间的故事能够给我们一些启示。

宋祁喜欢在文章中添加各种冷僻字，显得自己很博学。欧阳修跟他著《新唐书》时，很希望借此点出这个问题。一次，欧阳修去宋祁家，宋祁正好出门，欧阳修就留下一句话："宵寐匪贞，札闼洪休。"宋祁看到以后一头雾水，只好找欧阳修。欧阳修说："你忘了，这几个字就是'夜梦不详，题门大吉'啊！"宋祁责怪欧阳修这种写法，欧阳修笑着说："你修唐书就是这么做的啊！'迅雷不及掩耳'，多简单，你还改成了'震雷无暇掩聪'，谁能看得懂这样的书籍啊？"听完，宋祁心中十分愧疚，当场决定把这个毛病改掉。

欧阳修的话很直率很诚恳，也增进了和宋祁的感情。
朋友与朋友间必然会有许多相同的地方，若不然，也成不了朋友。可也会有矛盾，依然会有一些意见相左的时候，也会有相互争论的时候，那我们该如何处理这种问题呢？
要把握彼此说话的分寸，不能伤害彼此，不破坏友情。

关于个别问题，确实有必要探讨一些与学术相关的问题，但是，如果因为一些琐事而争吵，就毫无必要了。

有的时候争论也会使友谊一去不复返，但也可能促进友谊。 这取决于争论不仅要有意义，也不能少了度量。

争论的两方可以有话直说，无须礼让，但一定要尊重对方，不能因为个人私欲而相互争吵。 如果有什么一定要争吵的，也得把握住分寸。

朋友间"不是亲人，胜似亲人"

　　朋友间真诚地对待彼此，互相帮助，就会有"不是亲人，胜似亲人"的感觉。 自己有什么不懂的就请教对方，不仅能解开自己的疑虑，也能增长自己的知识，你会更加尊重对方。若不然，你要请教别人，还轻视对方，谁会帮助你？ 向朋友倾诉自己的快乐和困惑时，如果朋友不在乎你的倾诉，试问，有必要维持这样的友情吗？

　　因此，我们要学会多帮助和鼓励朋友，同时，你也会获得朋友的帮助和鼓励。

　　情感之间的交流，是维持彼此交往并进一步发展的基本条件，是人对身边事情的真实体会。 情感沟通主要由两个部分组成：一部分是"共鸣"，即对相同事物有着类似的态度和感受；另一部分是"振荡"，双方的情绪因为共鸣而彼此影响，然后达到一种更为强烈的地步。 前者是寻找共同点，后者是推心置腹。

　　吴倩很坦诚地跟她的好友李蓉交流，她不想活了。

李蓉没有问她缘由，也没有居高临下地说教，而是说："是啊，这种想法我也有过，可是那天有一件事情，我终于知道为什么我们要继续活着……"吴倩说出了自己的烦恼，看到李蓉认真地听着，心里感到了他人的理解。之后吴倩坚强地活着，并有了一定的成就。她和李蓉之间的友谊进一步加深了。

沟通情感达到的程度，以回忆起彼此交往的时候，心里的兴奋强度为准。比如，如果你的朋友这么写信给你，你们的友情肯定不会冷淡："很奇怪，我对你上回谈论时的印象十分深刻，仿佛就在眼前一样。真的，与你一起度过了那个下午我感到很开心……"对方每次想起这次交往的时候，心情十分愉悦，那么这样的沟通就算实现了。这也是彼此的心灵沟通。

低姿态赢得朋友信任

所谓低调，通俗地说，就是别让人们觉得你过于张狂。

愚蠢无知的人往往会自满、自得、自高、自大。自我感觉过分良好其实是无知，虽逞一时之快，实际上反而使自己的名声受到损害。

年轻的富兰克林常常因为自己的成功而扬扬自得，他当时的态度很傲慢，很惹别人讨厌。有一天，他的朋友特意找他，并劝了他几句，而他的人生因为此次的劝告而改变了。

"富兰克林，你不该这样子，"那位好友说，"如果你的意见和他人不同，你一直都是自以为是的态度。别人面对你这种态度感到十分难堪，这样别人不会听你的意见。朋友们和你不在一起的时候，还更加轻松。你似乎什么都知道，人们不知说什么。大家都不爱和你说话，他们花费了许多时间和你交流，反而还闹得不高兴。你用这种方式说话，别人也不愿意倾听，这对你而言没有什么好处。你无法从他人那里获得新知识，其实你是不可能什么都知道的。"

听了这些以后，富兰克林很羞愧，决定把自己的骄傲放下，改变了自己的态度。

假如没有他那位好友的劝说，富兰克林就不会谦虚，我们就无法想象他是否还会有如今的成就。

关于如何保持低调，最重要的是熄灭自己的傲慢之火，放低自己的姿态来和别人交谈。

单位有个同事小刘，工作很认真也很肯干，专业技术也好，业绩也不错。他周围的人都很羡慕他，可小刘不随便在人前表现自己，也不在意别人的妒忌。碰到难题，他都会主动向其他人请教。时间久了以后，对方都感动于他的胸怀，也不好意思拒绝他。之后他们相互之间十分尊重，成了很要好的朋友。

在他人面前放低姿态才会获得他人的信任，维护彼此良好的关系。在获得成功时，我们不要太过炫耀，这样，他人才会永远拥戴我们，让友谊长存。

尊重隐私，为朋友保守秘密

　　古时候，小国的使者朝见某个相邻的大国，带来了三个小金人，个个价值不菲，这使皇帝十分开心。

　　小国的使者给大国出了一个难题——"哪个金人最昂贵"来考验大国。

　　皇上用尽各种方法，聘请工匠来查看、称重、评价，三个金人没有什么不同，都一样。怎么办？人家还在等回信呢。最后，一个老大臣表示他有方法检验。

　　皇帝召唤来了使者，老大臣十分有把握地带来三根稻草秆，分别从金人的耳朵里插进去，第一个金人的从另一侧伸出，第二个金人的从嘴里伸出，而最后一个金人，稻草进到肚子里，没有再掉出。老臣说："这个金人价值最高！"使者回答："是的。"

　　稻草从金人耳朵出来，说明该金人只听话不记话；从嘴巴出来，说明该金人会四处传播流言；但是稻草进入金人的肚子里，说明该金人把事情都藏在肚子里，不会太过张扬。为人处世也该如此，要学会保守别人的秘密。

欧美国家的人在朋友相处时有很多规矩，其中交友的首要条件是"为朋友保守秘密"。乍听之下，我们都会觉得不理解，怎么不选其他的，偏偏把"为朋友保守秘密"定在第一条？

西方社会公民的最基本权利就是隐私权。比如：个人的生活，通常不会告诉他人；个人的薪资，同样不会随便告诉他人；除了有人请你，否则不会随便串门；除非约好了，否则是不会和友人共进晚餐的……

对隐私的重视，我国古代就有，文人雅士都把隐私作为每个人的基本权利，也十分重视。我国的建筑风格也充分说明了这点，不管是皇室庭院，或是寻常百姓家，都由高墙围住，屋内庭院分开，有弯曲的小路，也有门窗阻隔，这么做只是为了让自己生活在幽静、私人的空间，不被外人打扰，这也是对隐私的另一种保护。

汉朝有个高官张敞，是个大大的情种。其与妻子生活很是恩爱，时常帮妻子画眉毛，一时，在京城被人们广为嘉奖。有一些人认为此行为"有伤风化"，还想到皇上那里告状，希望皇上惩罚"道德败坏"的张敞，以"匡正世风"。可是皇上不在意他人的教唆，他不但没有怪罪张敞，还特意在百官面前说道："这是夫妻之间的事情，我怎么能管？"显然，这是对张敞夫妻隐私的保护。

有些人一旦碰到了烦心的事，比如说家庭矛盾、生活琐事和个人生活之类的私事，藏在心里很是难受，总是希望好友能够倾听他们诉苦，但是又不希望太多人知道。

　　秘密是每个人都会有的。一个人随着年龄的增长，逐渐有了自我意识，他就会慢慢地保守自己的秘密，就连自己的父母也不告诉。可是，有时候面对自己的好友，他还是会大胆倾诉，把自己的秘密说出来。

　　但是，当你知道了他人的秘密后，你必须替他保守，不然，他再也不可能对你倾诉。这种希望朋友保密的心理，当我们年纪越来越大以后会更加强烈。

少说客气话，多点坦诚赞美

如果你去一朋友家，你们之间十分客气地相处，他跟你说的都是客套话，就担心你不高兴，生怕哪里惹着你了，这个时候，你一定会觉得很不舒服。等你离开他家后，才感觉放下了压力。

这种情况应该不少见，可是换个角度想想，自己有没有这么对待过客人呢？

虽说要客气，但人们忍受不了这种客套。要切记"己所不欲，勿施于人"。

刚见面的时候互相寒暄客套一下没什么，如果后来还一直说就不好了。谈话主要是培养感情，彼此进一步了解，而挡在彼此间的墙恰巧就是客气话，如果这墙一直存在，我们只能在墙的两侧互相敷衍一下而已。

通常朋友们在第一次见面的时候都会比较客气，可如果之后见面还是这样，还在用"阁下""府上"这种词，必然无法建立真挚的友谊。

说客气话是把你的恭敬和感激表达出来而已，因此别说太多，说多了让人觉得虚伪。别人帮忙做了一个小事，好比说倒茶，一句"谢谢"就好了。有些时候，顶多"对不起，又要麻烦你了"就够了，可有的人却说"呵，谢谢你，真对不起，这么个小事情也要你来帮忙，我很是不好意思，太感谢你了……"这么多客气话，别人反而感到不高兴。

说客气话时要注意有诚意，态度要端正，要表现得不慌不忙。此外，也要注意身体的姿态，过分地点头哈腰、搔首弄姿很不雅观。

平时少说客气话，多点坦诚赞美，你会交到更多朋友的。如果对平时你很少说客气话的人客气一点，比如司机和售货员，你就会有意想不到的收获。

不要太客气了。去朋友家时，你的表现如果自然不做作的话，朋友也会更加随和。如果你是主人，这种方法同样适用。

如果言语中缺乏诚意且刻板，不会有人爱听。"久仰大名，如雷贯耳。""贵公司必定会生意红火！""小弟才疏学浅，还请不吝赐教！"这些话都缺乏真情实意，从艺术的层面而言，是一定要改正的。

说话千万不能太虚伪，这也是不可缺少的谈话技巧。与其无意义地说"久仰大名，如雷贯耳"，倒不如说"你小说的叙述手法巧妙，描写生动，看完还想再看一遍"等话。假如想恭喜他人生意红火，可以称赞他的经营手法，让人"指教一切"就太夸张了，应该学其所长，向他提出几个专业问题，这样他反而更高兴。

一定要按照实际情况来说赞美之言，到朋友家与其随便夸奖，不如称赞房间的布置，或赏析装饰的画册，还有房子的装修布局。　假如朋友养狗，你应该夸一夸他的狗；假如朋友喜欢金鱼，那金鱼就应该是你夸奖的对象。

付出真诚，就能收获友谊

有这么一个故事：

在美国西部的一个小城镇，有个叫安妮的女孩儿受了重伤，变成植物人，即使是现代的医疗方法也没什么作用，安妮苏醒的机会很小，她的父母很是难过。可是安妮的好友东妮天天都来看望她，握着安妮的手，叫着她的名字，就像和一个普通人交谈一样，日复一日、年复一年，终于出现了奇迹，真诚感动了上天，安妮居然被东妮唤醒了。

这奇妙的力量就是因为朋友间的真诚而产生的。世界这么大，在人与人交往中，真诚是我们不可或缺的。

真诚的人才会让人感到有安全感，人们都喜欢；而虚伪的人遭人厌恶，难以相处。想要真诚待人，牢记以下几点：

1. 对朋友要讲真话

与真正的朋友进行一定程度的思想交换，每个人都有自己的看法，就算和朋友不一样，也很正常。有的人不愿意把自己的心里话告诉朋友，朋友该知道的也不愿意说，或者喜欢绕弯子，即使请求帮助，也不愿意说出实情，而如果朋友提供帮助的话，因为不明所以而感到尴尬。这样是没有人愿意与之交往的。

2. 赞美朋友要诚心

如果朋友取得了一些事业上的成就，事业有所进展，我们要感到高兴，真诚地赞扬，与朋友们一同欢笑，这才是真正的友谊。但是，要真诚地称赞他们，不要吹捧或过于讨好，这样不利于友谊的发展。

3. 要诚恳指出朋友的缺点

奥斯特洛夫斯基说："朋友间展现真诚的第一步，包括批评朋友的过错。"诚恳地指出朋友的缺点，有助于维持彼此的友谊。

第七章

和谐家庭，关键就在会说话

婚姻需要甜言蜜语的滋养

有不少男人认为结婚后就可以不用再对妻子说甜言蜜语了，婚已结完了，似乎标志着这场战役已经胜利了。 这样认为真是大错特错，其实婚姻更需要甜言蜜语来滋养。 记住，以下这些甜言蜜语在婚姻中永远都不过时，你可以时不时对妻子这样说：

任时光飞逝，任岁月老去，在我心中，你始终最美！

我一定让你过最舒服最幸福的日子，你一定要相信我能做到！

你始终是我夏天里的冰激凌、冬天里的小棉被！

我知道你也很辛苦，可我更知道你是为了我、孩子，还有这个家！

爱你是我一生一世的责任！

每个女人在听到丈夫这样的话时，都会为之感动的。 虽然她们知道丈夫是在哄自己，那她们也高兴。 在工作累时，她们不会再抱怨，相反，她们会理解丈夫的辛苦，为丈夫减轻负担。 有这样一个故事，足以证明在婚姻中丈夫多跟妻子说些甜言蜜语的益处。

他从小在孤儿院长大，深知什么事都得努力去争取。未婚妻莎拉是他唯一约会过的女孩儿，所以他从来没爽过约。莎拉已占据了他的心。当莎拉还没明白过来时，他已向莎拉求婚了。

结婚宣誓之后，莎拉的父亲把新郎带到一旁，交给他一份小礼物，说："这是幸福婚姻的秘诀。"年轻的新郎迫不及待地打开观看。

盒子里装的是一只大型金手表。他小心翼翼地拿起来，细看之下，发现表面上刻着一句智慧的提示，使他每次看表时都无法避开。这句话是："跟莎拉多说些好话。"

他一辈子牢记这句话，并且照做了，他也确实感到了多对妻子说些好话是幸福婚姻的秘诀。无论什么时候他都不忘对莎拉说些好话，莎拉也同样记着丈夫的好，这使他们的婚姻一直很幸福。

可见，要想拥有幸福的婚姻其实很简单，只要你肯花点儿心思。

女人的要求其实并不高，不必大捧鲜花，不必去什么高档场所吃烛光晚餐，只要你的一句话、一个动作，就能让她感动一辈子。

你可以在睡觉前帮她按摩按摩，说一句"今天你辛苦了"或者"你真是我的好老婆"；在她换上新衣服后，你可以赞美一句"你真漂亮"；在她辛辛苦苦把饭菜做好端到桌上时，无论她做的菜口味如何，你都要告诉她你非常高兴吃到她为你做的饭菜，并夸奖一句"什么山珍海味也没有你做的好吃"，以此表示你愿意一辈子吃她做的饭菜……这就足以使你的妻子开心得成为天下第一等幸福的女人了，就算她吃苦受累也无怨无悔。

满足她"说"的欲望

相信很多人都会有一种感触，女人和女人在一起会有许多话聊，即使是两个陌生的女人坐在一起，她们也能因某一话题而聊起来，即使她们聊的是一些无关痛痒的生活琐事。一位心理学家曾说过，人跟人在讲话时，表面上看是你一句我一句，好像是一个在说一个在听，但真相是，你在讲时我却没有在听，只是在想下一句我要怎么说。其实她们聊的话题就是为了发泄一种情感。

我们可以由此看出，女人是爱说的，她们天生就有一种说话的欲望。许多事情在她们看来单纯是为了说而说，只要有一个合适的对象在倾听，她们这种愿望就能得到满足。

尤其是一个已婚女人，她除了工作时间之外，与丈夫接触的时间最多，丈夫是她最亲近的人，所以她就会把许多不能对外人说的心里话对丈夫说。

有很多男人在一起聊天的时候就会说："我真的很纳闷儿，女人为什么整天有那么多话要说，她们真是天生做说客的料！"

是的，女人的话有时是很多，柴米油盐等都是她们的谈话素材。这个时候，丈夫如果不充当妻子的听话筒，妻子的心就会很难受，感到连个说心里话的人都没有，就会自以为自己的命不好。一个在飞机上遇险却大难不死的美国女人，回家却自杀了，原因何在？

那是一个圣诞节，一个美国女人为了和家人团聚，兴冲冲地从异地乘飞机往家赶，一路幻想着团聚时的喜悦情景。可恰恰老天变脸，这架飞机在空中遇到了猛烈的暴风雨，飞机脱离了航线，上下左右颠簸，随时有坠毁的可能。空姐们也脸色煞白，惊恐万状地吩咐乘客写好遗嘱并放进一个特制的口袋。这时，机上所有的人都在祈祷。也就在这万分危急的时刻，飞机在驾驶员的冷静驾驶下终于平安着陆。

这个美国女人回到家后异常兴奋，不停地向丈夫描述在飞机上遇到的险情，并且满屋子转着，叫着，喊着。然而，她的丈夫正和孩子兴致勃勃地分享着节日的愉悦，对她经历的惊险没有丝毫兴趣。女人叫喊了一阵子，却发现没有人在听她倾诉，她死里逃生的巨大喜悦与被冷落的情形成了强烈的反差。在丈夫说准备开饭的时候，他的妻子却爬到了阁楼，用上吊的方式结束了自己的生命。

生活中，一些情感热线节目异常火爆，就因为它缓解了倾诉者心中的压抑。 假如热线那端不懂倾听，那它还会那么招人喜爱吗？ 其实，夫妻间何尝不是如此？ 懂得倾听，不仅是关爱、理解，更是调节双方关系的润滑剂。 每个人在烦恼和喜悦后(特别是深层次的烦恼和巨大的喜悦后)都有一份渴望，那就是对人倾诉，她希望倾听者能够给予理解抑或共同分享。 然而，那位美国女人的丈夫却没有做到，抑或是他本身就不懂，所以导致了悲剧的发生。

选择好沟通的时机

在婚姻生活中，夫妻沟通的内涵是非常广泛的。除了语言之外，一个眼神、一个表情、一个手势，甚至身体的姿势、呼吸的节奏都可以表达出一种信息。

但是，这种沟通大多都是善意的，或者是一些生活中的琐碎事情。对如何交流夫妻双方心中的不快，以及提出对对方的要求，一定要小心谨慎，选择好交流的时机，否则效果可能会适得其反。

通过相互间的语言交谈，可以了解彼此间的思想、情感和意向，从而消除误会，更和谐地共同生活。但夫妻共同生活的时间长了，常理所当然地认为某些事对方会知道、体会到，不用开口说明、解释，结果反而引起不必要的误会和不愉快。因此，夫妻间的沟通交流不仅需要坚持和习惯化，还要学会选择时机。

为了避免蓄积恶性能量，夫妻双方一定要选择好时机，巧妙而策略性地进行交流沟通。我们经常在一些外国影视片中听到夫妻某一方说："我想找你谈谈！"于是，双方会找一个机会把心中的不快全倒出来。而不少中国夫妻却把意见、不快压抑在心里，不挑明，还美其名曰"脾气好，有修养"。其实，相互闭锁只能导致误会加深。长期压抑等于蓄积恶性能量，一旦爆发，破坏性更大。

不同内容的交流沟通，对时机的选择有不同的要求，当丈夫遇到挫折时，这种交流可以随时进行，其实男人也很脆弱，这时他更需要女人的关爱，甚至女人的哄。来自女人的一声问候、一个善意的微笑、一个充满柔情的吻……都会让男人感受到一种母性的抚慰，在心灵上获得某种慰藉和情感的升华。这时男人很容易与女人进行有效的沟通。

而且，男人和女人一样，也很希望得到鼓励。尤其是当男人在事业的征程中茫然不知所措的时候，一句来自心爱的女人的鼓励话语，犹如注入了一针兴奋剂，让男人充满新的力量，面对顺境他会乘借东风把事业干得更好，面对逆境他会忘却烦恼，鼓起干劲重振雄风。因此，来自女人的鼓励对男人产生的作用不可小觑。

休闲类的交流，是夫妻间最常进行的，时时都可以沟通，特别是在温暖的家中，男人喜欢跟你在家聊聊天，说些在外无法表达的语言，或者开个玩笑。这时女人不要只当个听众，此时男人最需要的是来自女人富有挑逗性的回应。

而交流沟通不愉快的话题，或想提出意见，在时机的把握上，就要动一下脑筋。千万不要在丈夫或妻子心情不好时提出来，特别是当另一半劳作一天之后，回到家里，最想得到的就是轻松愉快的心境，此时你最好不要提起不愉快的事情。 你最好不要动不动重提令人烦恼的话，即使有老账也不要这个时间算，因为据婚恋专家讲，此时是容易爆发"战争"的黄金时间。 如果此时你能制造出一种愉快的气氛，让两人一起回忆幸福的往事，将会度过一个美好的夜晚。

如果你对他有意见，想跟他吵架，千万不要当着同事、朋友的面或当着孩子、他父母的面，这样的结果只能是两败俱伤。 男人多数都很重视自己的尊严和面子，所以你应在意自己的行为对他造成的感受，不要在大众面前伤了他的自尊。 还是多注意一下自己在外人和他的同事面前的言行为好，尤其不要大事小事都想找他的父母、同事、朋友或领导反映。

即使掌握了以上的原则，夫妻之间仍然会有摩擦，也会有冷战，这时，夫妻之间一定要有一方站出来，寻找合适的时机进行沟通。 但是，现实中却很难有一方首先来寻求交流的，究其原因，一是夫妻间的冷战给双方造成了心理压力，另一点是冷战后双方都渴望与对方沟通，只是碍于面子谁也不愿主动打破僵局，仿佛谁主动谁就是冷战的肇事者。其实对于夫妻来说原本不该有这么多的顾虑。 想想当初恋爱时的"一日不见如隔三秋"和相互关爱，没什么是沟通不了的。 有了摩擦都较着劲不理对方，久而久之，真的可能会使对方习惯了没有你的日子，最后分道扬镳也不是不可能。

只要还想维持婚姻关系，并且希望婚姻生活幸福美满，就必须要有一方首先开始交流沟通，丈夫作为男人，尤其要敢于担起这副重担。

有一对关系还不错的夫妻某天闹了别扭，接下来谁也不理谁，过了几天后妻子回到家，看到以前井井有条的家像遭了贼一样，东西乱七八糟摆了一地，卧室的门敞开着，丈夫跪在地上不断地从柜子里向外扔东西，越扔越急的样子，好像是在找一件很重要的东西，妻子忍不住问丈夫："你在找什么?"丈夫猛然回头回答道："我在找你的这句话。"小小的插曲使妻子明白丈夫的良苦用心，夫妻终于讲和了。

　　尽量避免夫妻间的不信任和冷战，用心去珍惜对方的感情和努力，选择合适的时机经常进行夫妻间的沟通，多给对方关心和呵护，这样你会拥有美满的婚姻。

沟通心灵的语言艺术

生活中，夫妻因为一句话而大动干戈、"狼烟四起"的情况并不少见，恩爱夫妻为何会只因为一句话而争执不休？

究其原因，就是彼此感觉婚姻已把两个人紧紧地维系在一起，夫妻之间说话不掌握语言艺术，刺伤了对方的心，天长日久冲突在所难免。

夫妻的日常对话虽然平实简短，但要真正掌握好语言艺术，还真要下一番功夫。

丈夫：为什么你从来不帮我把干净的手帕准备好，放在抽屉里？

妻子：我知道这惹得你生气，我以后注意。但是，你也要帮助我，记住把脏衣服放进洗衣盆里，好吗？

在夫妻语言沟通的过程中，委婉是一种颇有奇效的黏合剂。委婉是一种以坦诚开放的沟通来对待对方的方式，同时，也尊重他人的感受，不做无谓的伤害。 委婉意味着依赖他人，尊重他人的感受。

委婉有三大要素：一是诚恳与信赖；二是意识到或注意到他人的感觉，并且给予相当的重视：三是不去利用人、占别人的便宜，而是对人关怀与体贴。

在夫妻的相互沟通中，委婉是语言艺术的必然选择，在夫妻俩相对时，要善于掌握感情表达的方式，但不是掩饰感情本身。 有人误认为委婉便是虚伪或压抑感情，其实委婉完全不涉及爱情的掩饰和压抑。 只有借助于委婉的表白、诚挚的态度，关怀体贴对方，才能建立真正亲密的关系。

那位聪明妻子用委婉的语言艺术处理丈夫夸大其词的毛病，并以建设性的方式回答丈夫的夸大其词，慨然接受他攻击中的"合理部分"。 这位妻子的回答丝毫没有纵容，也没有虚伪和掩饰感情的意思，有的只是尊重和体贴，结果就能使双方都感到满意。

当然，委婉并不意味着永远顺应对方的一切意思，特别是当对方的作为令人不能接受时。 否则，就会导致不满和愤怒情绪的累积，那样，总有一天会爆发而严重挫伤双方的感情。

委婉不是"虚假的骄傲"，委婉要求夫妻双方都要心悦诚服地接受自己的缺点，不辩驳自己对问题该负的责任。 委婉的态度，就是诚恳的态度，就是要诚恳地接受对方的意见，诚恳地承认自己的错误，诚恳地向对方道歉。

委婉也不等于夸张地认错。 夫妻在争论中，常常可以听到一方说："好啦，都是我一个人的错！"这种不分是非的态度不是委婉的态度，而是一种圆滑的态度，它对夫妻关系只有离间作用。

委婉不等于含糊其词，委婉更需要语清意明。夫妻之间常常因为彼此语言交流时东拉西扯，词不达意，而造成误解和矛盾。为此，双方在语言交流时应注意自己表达语意时要清楚，也要求对方清楚，避免模棱两可。夫妻在交谈中应注意用词的准确性，正确的用词和清楚的表述在表达你的期望时非常重要，否则对方会以他的意思来解释，容易因曲解而产生冲突和误会。例如妻子对丈夫说："你今晚早些回家。我晚上要去开会，你带一下孩子。"这位妻子语意不清楚，她对"早"的概念没有解释得具体一些。倘若她改成这样说："你今晚最好六点以前回家……"她丈夫就能按她期望的去做，双方便能达到良好的沟通。

还有，对你的决定要解释原因。夫妻中一方要求另一方去办一件事情时，要说明事情的因果关系，让对方明白你的心意。

最后，夫妻间一旦发生问题，要说清楚你应负的责任。有不少人只用模糊的概括性语言来检查自己应负的责任，敷衍地承认自己的错，却具体地攻击对方的短处。这类人经常会说："我知道我也有错，但是……"或"当然没有人是十全十美的，我也愿意承认我的错，但是……"然后他一点一点指出对方的错处，或夸耀自己的长处。

遇到这种情况，可以不必对他抨击你的那些具体罪状提出防卫或反驳，更不要以牙还牙地数说他的一些罪状。因为这样会扩大矛盾，造成更强烈的对立情绪，而要耐心等对方说完后,再说:"我对你刚开始说的那句话很感兴趣,就是说你也有错。 我能不能请你详细说明这一点,具体举几个例子,然后我们再来看看我应该怎样处理我的错处,你应该怎样处理你的错处?"请注意,说话时要态度诚恳,不可用嘲讽的语气。 如果对方怕正视自己的缺点,不愿意具体说出自己的错时,你可问他:"假装承认自己有错是不是不公平?"

对方也许用一个"错"来搪塞,例如说:"我就是错在不该嫁给你!"换句话说,攻击者仍是继续假装愿意认错,但实际上还是在攻击对方。 这些都要向对方指出来。 如果对方能认识到这一点,那么,彼此就会向更好的沟通迈进一步。

另外,在夫妻沟通之中,有些话是绝对不能讲的,这些话就是:

(1)责怪的话。 婚后夫妻长期生活在一起,会发现对方的不足,甚至有做错事的时候。 要体谅对方,不要不分场合在人前责怪爱人,这往往会引起对方的反感和不快,如同火上浇油。 做错事本来就后悔,这样势必伤害夫妻感情。

(2)脏话。 它是夫妻之间的百祸之源,夫妻之间争吵,切忌出言不逊。 骂人之所以使人气恼,是因为骂人的话最难听,使用的都是污辱人格的语言,既损伤对方的自尊,也毒害了子女的心灵。

(3)谎话。 夫妻间应以诚相待,不说谎话。 相互信任才是爱情巩固的基石,生活中因一句谎话引起夫妻隔阂和产生夫妻矛盾的事例并不少见。

(4)绝情话。 俗话讲"舌头和牙齿也有摩擦时",夫妻之间争吵也十分多见,但不要说过头话、绝情话。 如"我后悔嫁给你""我那时怎么瞎了眼""你滚蛋""你滚回家去"等，甚至把"离婚"整天挂在嘴上。 婚姻是一件十分严肃的大事，是两个生命的以身相许，一句伤心话，说者无意、听者有心，就易产生隔阂。

（5）揭短话。 夫妻之间贵在相互理解、相互信任、相互尊重。 聪明的人经常夸奖自己的爱人，满足爱人的心理需求，因而深化了夫妻感情。 但生活中有一些家庭，夫妻好揭短，真要不得。 每个人都有他的长处和短处，谁都不愿意他人触及伤痛，更怕自己的亲人揭短。 如果说，连自己的爱人都小瞧自己，那心灵所受的伤害将有多大！

说话不要粗声粗气。 说话粗声粗气起码有三个害处：一是损害对方对自我的看法，认为自己是不受欢迎的人；二是使受侮辱的人感到愤怒；三是证明你是个粗鲁无礼的人。

这五种语言，无论怎么讲，都不具备艺术性，不能算是沟通的语言，它是夫妻关系的腐蚀剂，对婚姻中夫妻的亲密关系起着离间破坏的作用。

你要求别人如何对你说话，你就应如何对别人说话。 这是学会委婉的一条根本原则，离开这条原则，委婉便成为一种摆设。

倾听是沟通的重要组成部分

沟通是双向的，单行道永远也不能算是沟通。婚姻中，当一个人在讲自己的意见或建议时，也必然会有一个是听者。然而，让人遗憾的是，会听别人讲话的夫妻实在不是很多，更多的夫妻在实际生活中，都是在抢着说话，好像少说一句便吃了大亏，专心听别人讲的人必定理屈词穷。

尤其是在发生争执的时候，男人女人都一样，他们只剩下了嘴巴而没有了耳朵。夫妻在现实生活中，都常会坚持己见，要求对方改进，因意见不同而热吵冷战，这些小问题是现实婚姻乐章的伴奏曲；小两口儿较激烈的沟通场面，通常称作吵架。两个性格、思想、背景、专业……都不相同的人，要一辈子在一起是件相当不容易的事，需要极多的爱心、信心与耐心。有人说一个美满的婚姻好像是一条永远在修的双向道。夫妻都不吵架并不表示他们关系很好，反而有可能是他们在沟通上永远只是单行道。但是，在吵架这种"激烈的沟通"中，却一定要掌握住以下原则，避免出现"恶意沟通"。

1. 利用言语沟通来伤害对方

言语的伤害有如心理或情感上的虐待，是爱情银行存款流失的主要原因。 这种伤害常常比身体上的凌虐更为严重。

有的夫妻在吵架时刻意用一些尖锐的字眼来伤害对方，一旦有一方开始说出这样的话，双方就完全失去控制，唇枪舌剑，恶语相向，彼此都用脑海中最具有伤害性的言辞来攻击对方。

在没有婚姻关系的伴侣之间，这样的情况往往比较容易化解，但在婚姻之中却反而无法消解。 长时间下来，过去口角所堆积下来的怨气，会使夫妻彼此憎恨。

如果你感到愤怒和懊恼，最好的方式是将你的期盼跟对方诉说，以表达出你真正的感觉。 切忌用苛刻的言语来批判对方，这只会削弱对方想满足你需求的意愿。

2. 利用言谈来强迫对方接受你的想法

如果有人总是强迫你接受他的看法，企图说服你跟他想法一致，这样的谈话很少不让人感到讨厌，这个人显然不尊重你做决定的权利。 如果你要另一半了解你的感受，自然得设法向对方表达，但是在诉说自己感受的同时，并不表示另一半必须放弃他对事物的看法或价值观。

千万不要强迫对方接受你的想法，如果无法找到彼此都同意的论点，不妨学着去尊重对方的看法，并尝试对他产生这种观点的背景做一番整体性的了解。 这样相互尊重的结果是你反而更有机会表达你的立场。

3. 总是沉湎于过去或现在的错误里

不论结婚与否，大多数人都讨厌公开抨击、恶意批判或严厉指责等行为。如果别人告诉我，你犯了某项错误，我们免不了会想办法为失败找借口，或是责怪别人，企图把责任推掉。

因为错误是很难论定的，一个人眼里的错误，在另一个人看来，也许不见得如此，这就比较容易理解为何对方会有不满意了。如果我们所关心的人愿意跟我们解释，只要不受抨击，我们都会真心诚意地帮忙，都会很乐意去配合对方，将自己的行为稍做调整。

夫妻吵架有时是免不了的，为了避免吵架对夫妻感情的伤害，除了以上三条原则，还要用就事论事的态度来进行争论，现在不是罗列过去对方所犯下的过错，还是要解决手头上的事情。

不要恶意挖苦。同住在一个屋檐下的目的是彼此相爱地生活，而不是把对方变成自己的奴仆。不要出言不逊、恶语相向，也不要喋喋不休一直到对方退让，你好占上风。如果你不尊重你的爱人，或是让他自尊心受到了伤害，他就会拒绝再与你沟通。

不要夸大其词，要实事求是。用"你老是……"或"你从不……"等陈述并不能反应实际情况，只能驱使你的爱人逃入"防空洞"。所以要实事求是，确切表达你的感受。

但是，要实现夫妻间心平气和、有效的沟通，就一定要注意倾听。 倾听对方的心声,是沟通中极为重要的组成部分。 没有专心倾听对方说话,是导致婚姻陷入困境的一个重要原因。 夫妻间经常这样抱怨:"他从来不听我说话。"或是:"她不了解我心里的感受。"

如果没有专心倾听伴侣说话是问题婚姻的一个迹象,那么专心倾听对方话就是健康婚姻的一个特征。 当别人对你说:"请接着说。"而且是真的专心听我们说话,我们会觉得自己被看重、被了解、被接纳。 积极地倾听可以改善夫妻关系。 专心倾听有以下的态度:

(1)专注、不批评。 未经对方请求所给予的建议都有可能被视为批评。

(2)一方在说话时另一方就要全神贯注。 另一半跟我们说话时,我们常常不是想着下面要说些什么,就是把注意力放在别的事上,像是准备晚餐或是看电视。

(3)用感情聆听,而不要论断。 伴侣所说的话只不过是很单纯地说出心中的感受,这些感受对你来说都是很宝贵的信息。 不要说:"你不能这么想!"相反,你可以反问他:"这是不是你的感受? 我说对了吗?"

(4)不要打断对方说话,终究会轮到你发言。 嘴巴闭上时,话语听得最明白。

倾听并不意味着沉默,沉默有时比吵架还要有害,沉默实际上是拒绝沟通。 婚姻中,有些人把沉默当成了一种武器。

惯用沉默做武器的人,常有这样的借口:"我不吭气,是为了不想跟他吵架。"实际上,沉默不仅不能解决问题,而且因为沉默里包含着对对方的极端轻视，隐喻着"我不爱理你""不跟你一般见识"的意思，从而不仅没有解决问题，反而使矛盾进一步激化。

而且，夫妻之间出了问题，如果一方沉默，也断绝了共同解决问题的可能，阻碍了亲密关系的修复和发展。因为良好的夫妻关系是建立在坦诚沟通思想的基础上的。

沉默的背后实际上还隐藏着愤怒的情绪，当怒火积压到一定程度，总会爆发出来，此时已不可收拾。

生气又不肯让对方知道原因，实际上是一种不当的手段。因为一方沉默，会使对方着急而束手无策。实际上不是怕争吵影响夫妻关系，真正用意是要折磨对方、破坏婚姻关系，这种行为发生在夫妻之间自然是最具破坏力的。当然，有的人并非有意用沉默来攻击他人，而是出于无心。比如有些人在心情不好时，习惯把自己紧紧封闭起来。

面对一方的沉默，另一方应该怎么办呢？最好别逼他说话，或者采取激将法来刺激他，这样并不能打破他的沉默，反而会导致他更沉默或大发脾气。比较好的办法是让他知道沉默本身已经表达了某种意思和你对此的想法，让对方认识到夫妻之间任何问题的解决只有通过开诚布公、心平气和的交谈和专心地倾听才能实现。

一句拉近夫妻感情的话

爱起源于关心，婚姻的保养更离不开关心。 关心在婚姻生活中像阳光与水一样不可缺少，可以说，没有交流沟通的婚姻是聋哑的婚姻，没有激情的婚姻是苍白的婚姻，没有承诺相许的婚姻是虚幻的婚姻，没有了关心，婚姻就会变得荒芜。

夫妻彼此之间都希望自己能在对方的心中占据最为重要的地位，关心的程度正好表现你对对方的重视程度，经常找时间打个电话给对方，关心地问候一句："工作辛苦吗？"又或者告诉他："天气凉了，请加衣。"这些关心未必有实际用途，但起码能令对方暖在心头。

关心体现了你对另一半的牵挂，对另一半的关注重视。关心，有时仅仅是这样的一句话，就可以拉近夫妻之间的感情。

有的夫妻感情越走越远，越来越淡，其原因固然是多方面的，但彼此缺乏的关心牵挂，是其中的一个重要原因。

19 岁的阿馨中专毕业后，到某市一家公司做营销员。她长得青春靓丽，性格活泼，引起不少单身男子的注意。

　　一次很偶然的机会让阿馨认识了公司上一级单位的职员阿发，阿发比阿馨大 7 岁。两人一见钟情，开始了交往。阿发对比自己小的阿馨非常关心和呵护，阿馨非常庆幸有这样一个体贴的男朋友。经过三年热烈而缠绵的爱恋，阿发和阿馨登记结婚了。

　　从热恋走进了婚姻，开始两人感情不错，但时间久了，感情也趋于平淡。阿发也不再像恋爱时那样对阿馨关心呵护，阿馨心中也升起了一种寂寞和冷落的感觉，感情开始降温。

　　特别是两年以后，他们的女儿出生了。有了女儿，阿馨一门心思都放在了女儿的身上，夫妻之间的交流更少了，阿发和阿馨的感情更淡了。双方经常为家庭琐事引发矛盾，阿发为此常常不爱回家。有时夫妻两个甚至很少说话，更别指望阿发能像追阿馨时，在中午或晚上说上一句："干了一天的工作，饿了吧？我们一起吃饭。"由于感受不到阿发的关心，阿馨开始因为一丁点儿的小事与阿发大吵大闹，试图以此引起阿发的重视和关心。

　　然而事与愿违，不胜其烦的丈夫在经过了两年的吵吵闹闹之后，先是与阿馨分居，然后走上了法庭，一纸离婚书结束了他们的婚姻。

　　阿发与阿馨的婚姻是以关心呵护开始的，也是以关心呵护的消失而结束的。

安子的丈夫性格开朗，朋友遍及四海，而且是三天一小聚、五天一大聚，有几天不聚就找不着北，经常夜里一两点才回来。在外面时间多了，回家的时间自然就少，安子感到他不像以前那样关心和重视自己了，心中的不满与日俱增。

安子忍无可忍，就和他大吵，越吵他就越不爱回来，有时候干脆就在他哥们儿那儿睡了。安子被他气得觉也睡不好，饭也吃不下。一位朋友建议安子：当丈夫再晚回来，就不要跟他吵了，要给他准备好洗漱用品，做一点宵夜，并留一张字条，让他吃点东西，洗洗再睡，免得第二天没精神上班。

安子的丈夫又与朋友聚会去了，还是半夜也没有回来，安子强压怒火，按照她朋友说的做了。第二天起床后，她丈夫十分不好意思地对她说："真对不起，以后我尽量不那么晚回来了。"安子心里暗暗高兴。

从此以后她丈夫的确再没有那么晚回来过。

安子大吵大闹得不到的东西，却被无声的关心给找了回来。

与对方分享自己的感觉

　　夫妻之间要经常分享彼此的感觉。 愿意分享感觉的夫妻，比那些隐藏彼此感觉的夫妻好沟通、更亲密。

　　有话明着说，莫传密电码。 所谓"密电码"就是语言的表面意思与实际内容不一致，对方需要经过一番揣摩、猜测后才能恰当地理解其中的奥秘。 有些年轻的夫妻，在日常生活中常常说一些表里不一的话，让对方当成谜语去猜测，并总希望对方能够正确理解。 女子由于情绪多变，因此发出这种"密电码"也较多。 而对于这些语言，对方是很难正确理解，并照此去做的。 结果，常常使夫妻之间发生龃龉：一方为另一方"不了解自己"而生气，另一方则为对方的"神秘莫测"而莫名，从而使夫妻双方的思想感情拉开距离。 解决这种错误的方法，就是在夫妻之间彻底消除"密电码"。 夫妻之间的感情交流应该是坦率真诚的，感觉怎么样就怎么样说，需要怎么做就怎么说，以使对方明白得越彻底越好，而绝不要转弯抹角。 "我不说他也应该明白"的想法是错误的，因为对方难以知道你没有表达出来的心思。 为了使婚姻健康成长，夫妻间一定要有话明着说，不要让对方猜谜语。

学会表达分歧的方法。 在正常的沟通中，表达分歧是最难做好的一点，它要求当事人有一定的涵养和表达技巧。 表达方式不当，对方不仅不愿意接受，反而会产生一种逆反心理，抗拒对方。

假设一种情况：你丈夫在街上遇到了原来的女友，他停下来与她交谈了一会儿，他没有告诉你这件事，以避免不必要的纠纷。 你听说后，如果你用第二人称训斥丈夫："你这个伪君子，你隐瞒了遇到她这件事，你还讨好地跟她交谈了半个小时。"先给他扣上了伪君子的帽子，又加上"讨好"之类的臆想。 那么丈夫内心的反应必然是"这种嫉妒无法忍受，这不像个聪明的女人"，于是对立开始了。 如果换一种方式，采用第一人称表达自己的不满，对方将不会采用对抗的反应，因为他未受到指责和攻击。 比如你说："我听说你昨天和原来的女友交谈了，我很不高兴，因为你没有告诉我。我希望你信任我，把实际情况讲给我听。"这样的表达会使可能发生的不快与争执得以避免。

最新的心理学调查表明，影响夫妻幸福的首要因素是，是否具有表达分歧的能力。 这一因素比性和金钱更重要。幸福夫妇的两个共同点：一是避免不必要的争吵；二是不回避必要的争吵，但要采用不给对方留下创伤的真诚争论的方法。 婚姻专家指出，这种方法掌握得当的话，对解决夫妻间的不同意见能产生令人满意的效果，它会使夫妻感情随着分歧的明智解决而变得更加亲密。 不要自我欺骗，我们的感情在头脑里就如装在瓶子内，而感情是需要一个释放阀门的。当我们不能直接表达出来时，就要找某种借以宣泄的渠道，感情需要新鲜空气。 事实证明，幸福的夫妻应善于为有利于夫妻关系的事而争论，而不应像仇敌那样去争吵。 换句话说，要善于发现哪些是含有毒素的矛盾，同时善于在这些矛盾中寻找和施用最有效的解毒剂。

在乎对方的感觉

让对方自由地做自己。 有位先生问："如果我和太太在一幢大楼里，都想登上楼顶，我会选楼梯，因为我爱呼吸新鲜空气，听听各种声音，高兴自己是花了力气才走上来的。 而我太太却一定是搭电梯。 像我们这样两个不同道的人怎么才能走到一起呢？"答复是："希望你登你的楼梯，她搭她的电梯，到了楼顶，你们夫妇俩一块儿用餐，再顺便聊聊自己上来的经过。 别指望她选择楼梯，你也不必搭乘电梯，应该为两个人利用不同的方式登上楼顶感到欢喜，这根本无所谓对与错，只是方式不同而已。 如果你达到这个思想层面，那偶尔换换口味，你也搭搭电梯，她也登登楼梯，也许另有一种美妙的感觉。 不过，要以常态为基准。"千万记住，我们所有的人都是各不相同的。 这不是指谁好谁坏，也不是指谁对谁错——纯粹就是一种很平常的不同，生活中正是有了这些不同，才使人们互相吸引。

懂得配偶特殊环境下的特殊心理。 一位农民出身的丈夫喜欢资助别人，村里的三亲六故来了，这个借钱，那个借物，他都尽力满足，但妻子反对。他因此鄙视妻子不道德，常与妻子争吵。后来妻子转而支持他，她尽力帮助他的农村亲友后，自家已经捉襟见肘。一次，家里遇事急需一笔款子，他从单位到邻居，从亲戚到朋友，四处求借，都得不到足够的帮助，独自一筹莫展。这时他方知道，此一时、彼一时，怪不得妻子总是提议节俭。夫妻一方总要坚持的东西，定有原因。我们如果强行改变，或者批评压制，常常适得其反。有效的方法是：给予对方理解与劝导，等待对方在事实面前觉悟。我们所犯的错误常是不问青红皂白就坚决抵制，也许我们的确抵制了一件事，但却留下无数隐患。

了解彼此的差异，给对方需要的。有人曾说，男人的感情需求是信任，女人的感情需求是关心，这是就一般而言。但特殊情况却无法估计。我们说的丈夫都喜欢妻子的温柔贤惠，但某位丈夫偏反感之，只对泼辣尖刻的才感兴趣。处理夫妻关系唯有实事求是、有的放矢，才会有效。夫妻关系中有些问题是人之常情，不要怕。唯恐爱情动摇，经常怀疑爱情，动辄就给自己或对方扣上不爱的帽子，这就等于扼杀爱情。相信我们的情感，爱是不易的，不爱也将不易，但它以生动鲜活的姿态摇摆一下是极容易的，摇摆有倒塌的可能，而更有经受考验后变得稳固的可能。

记住你配偶的个性特点，预测对方的行为，原谅对方的过失。一位内向的丈夫不轻易对妻子表达热烈的爱，一切都愿意融化在行动中。这时，妻子不要刻意改变他，否则便会引发夫妻冲突，伤害感情。 如果妻子对丈夫热情鼓励，赞美他的长处，丈夫就会自觉地迎合妻子。 将心比心，你给他多少爱，爱你的他必定会加倍偿还。 你对他有几分挑剔，他对你的爱也会因此减轻几分，一切报应都要回到自己的身上。